DON BOSCO
VERLAG

Rosemarie Portmann

Kinder haben ihre Rechte

Denkanstöße, Übungen und
Spielideen zu den Kinderrechten

Don Bosco

Die Deutsche Bibliothek – CIP-Einheitsaufnahme

Ein Titeldatensatz für diese Publikation
ist bei Der Deutschen Bibliothek erhältlich.

1. Auflage 2001 / ISBN 3-7698-1331-6
© 2001 Don Bosco Verlag, München
Umschlag: Michael Brandel
Umschlagfoto: Anke Will
Fotos: Yves Suermann (S. 32, 35, 48, 54, 59, 73, 86,
    105, 108, 112, 117, 162, 164, 168, 177)
    Gabriele Schratt (S. 38, 67, 68, 89, 99, 122, 134, 137,
    144, 154, 156, 158, 181, 185)
Satz: undercover, Augsburg
Produktion: Don Bosco Grafischer Betrieb, Ensdorf

Gedruckt auf umweltfreundlichem Papier

Inhalt

I. Kinder stark machen für Demokratie   7

Der lange Weg der Kinderrechte   8
Die Kinderrechte in Deutschland   11
Die Kinderrechte bekannt machen   13

II. Kinder erfahren ihre Rechte   16

Die Rechte der Kinder zum Thema machen   18
Spielimpulse und Handlungsanregungen   19

III. Denkanstöße und Handlungsanregungen zu den einzelnen Kinderrechten . .   27

1 Alle Kinder haben die gleichen Rechte
   Kein Kind darf benachteiligt werden   27

2 Kinder haben das Recht, gesund zu leben, Geborgenheit zu finden
   und keine Not zu leiden   45

3 Kinder haben das Recht zu lernen und eine Ausbildung zu machen,
   die ihren Bedürfnissen und Fähigkeiten entspricht 62

4 Kinder haben das Recht zu spielen, sich zu erholen und
   künstlerisch tätig zu sein 78

5 Kinder haben das Recht, bei allen Fragen, die sie betreffen, mitzubestimmen
   und zu sagen, was sie denken 93

6   Kinder haben das Recht auf Schutz vor Gewalt, Missbrauch und Ausbeutung .   111

7   Kinder haben das Recht, sich alle Informationen zu beschaffen,
die sie brauchen, und ihre eigene Meinung zu verbreiten   127

8   Kinder haben das Recht, dass ihr Privatleben und
ihre Würde geachtet werden   146

9   Kinder haben das Recht, im Krieg und auf der Flucht
besonders geschützt zu werden   161

10 Behinderte Kinder haben das Recht auf besondere Fürsorge und
Förderung, damit sie aktiv am Leben teilnehmen können   176

I. Kinder stark machen für Demokratie

Demokratie ist die Staatsform, die auf der Anerkennung der Gleichheit aller Menschen und der Unverletzlichkeit der Person beruht. Zuallererst ist Demokratie aber eine Lebensform, die den Anspruch hat, dass unterschiedliche Menschen mit unterschiedlichen Erfahrungen und Kompetenzen gleichberechtigt, frei und solidarisch zusammenleben. Gegenseitige Achtung, Toleranz, Konfliktfähigkeit, Verantwortungsbewusstsein, die Grundqualifikationen demokratischen Zusammenlebens, sind den Menschen aber keinesfalls selbstverständlich gegeben, sie müssen immer wieder bewusst gemacht, erarbeitet und gelebt werden. Damit Kinder in die demokratischen Grundregeln hineinwachsen, brauchen sie von klein auf Erfahrungen gelebter Demokratie. Dazu sind langfristige und nachhaltige Konzepte erforderlich. Die bewusste Entwicklung einer demokrati-

schen Kultur mit Kindern ist auch das grundlegende Mittel gegen Rechtsextremismus, Antisemitismus, Fremdenfeindlichkeit und Gewalt, d.h. gegen alle Angriffe auf unsere freiheitliche demokratische Grundordnung, die zunehmend Sorge bereiten. Alle Maßnahmen und Projekte „Gegen Rechts", „Gegen Gewalt", „Gegen Rassismus", werden nur dann nachhaltige Wirkung entfalten, wenn sie eingebettet werden in eine bewusst gelebte Demokratie.

Die Basis demokratischen Zusammenlebens ist die Achtung der Menschenrechte. Die Verwirklichung der Rechte jedes einzelnen schließt die eigene Begrenzung und den Respekt vor dem Recht der Anderen ein. Dies ist der Grundgedanke der Erklärung der „Allgemeinen Menschenrechte", die am 10. Dezember 1948 von der Vollversammlung der Vereinten

Nationen verkündet wurde. Die Menschenrechte bedeuten also gleichzeitig eine Reihe ethischer Pflichten. Dazu gehören eine Lebensführung in verantworteter Freiheit, die wechselseitige Anerkennung der Menschen als Gleiche und das Eintreten für diejenigen, die in ihren Rechten beeinträchtigt werden. In Deutschland wurden die Menschenrechte als Grundrechte in das Grundgesetz aufgenommen. Sie sind die Basis für unser demokratisches, freiheitliches, friedliches und humanes Zusammenleben.

Für Kinder wurden die Menschenrechte 1989 in der UN-Kinderrechtskonvention umgesetzt. Die Kinderrechte bieten Kindern einen konkreten Zugang zum Thema Demokratie. Wer seine eigenen Rechte kennt und lebt, achtet auch die Rechte anderer. Die Kinderrechte sollten Grundlage einer demokratischen Lernkultur sein, überall dort, wo Kinder zusammen leben und lernen.

Der lange Weg der Kinderrechte

Die Diskussion um die Rechte der Kinder hat eine lange Geschichte. Bereits 1924 verabschiedeten 50 Nationen der fünften Vollversammlung des Völkerbundes, der Vorläuferin der heutigen UNO, in Genf eine erste internationale Deklaration der Kinderrechte. Der Nationalismus und der Zweite Weltkrieg unterbrachen dann die Diskussion. Aber bereits 1948 erkannten die Mitglieder der Vereinten Nationen die Genfer Erklärung in einer nur wenig geänderten Fassung an. Zum „Internationalen Jahr des Kindes" 1979 schlug Polen der UNO vor, eine Übereinkunft zu beschließen, die die Rechte der Kinder zu verbindlichem Völkerrecht erheben sollte. Es dauerte aber dann noch weitere 10 Jahre, bis 1989 endlich die UN-Kinderrechtskonvention in der heutigen Fassung beschlossen wurde. (→ S. 14 Bezugsadresse für die deutsche Originalübersetzung)

Der Text der UN-Kinderrechtskonvention ist allerdings so lang und kompliziert, dass ihn kein Kind versteht. Deshalb muss er für Kinder „übersetzt" werden – damit wird schon ein Recht der Kinder ernst genommen, nämlich das Recht, sich alle Informationen zu beschaffen, die sie brauchen. Kurz gefasst werden jedem Kind zwischen 0 und 18 Jahre folgende Rechte zugesichert:

1 Alle Kinder haben die gleichen Rechte
Kein Kind darf benachteiligt werden

2 Kinder haben das Recht gesund zu leben, Geborgenheit zu finden und keine Not zu leiden

3 Kinder haben das Recht zu lernen und eine Ausbildung zu machen, die ihren Bedürfnissen und Fähigkeiten entspricht

4 Kinder haben das Recht zu spielen, sich zu erholen und künstlerisch tätig zu sein

5 Kinder haben das Recht, bei allen Fragen, die sie betreffen, mitzubestimmen und zu sagen, was sie denken

6 Kinder haben das Recht auf Schutz vor Gewalt, Missbrauch und Ausbeutung

7 Kinder haben das Recht, sich alle Informationen zu beschaffen, die sie brauchen, und ihre eigene Meinung zu verbreiten

8 Kinder haben das Recht, dass ihr Privatleben und ihre Würde geachtet werden

9 Kinder haben das Recht, im Krieg und auch auf der Flucht besonders geschützt zu werden

10 Behinderte Kinder haben das Recht auf besondere Fürsorge und Förderung, damit sie aktiv am Leben teilnehmen können

Bemerkenswert an der Kinderrechtskonvention ist, dass Kindern nicht nur besondere Fürsorge- und Schutzrechte zugesprochen werden, sondern ausdrücklich auch Selbstbestimmungsrechte und Mitbestimmungsrechte für alle Angelegenheiten, die sie betreffen. Die Kinderrechtskonvention gesteht die Menschenrechte jedem Kind ausdrücklich von Geburt an zu. Jedes Kind kommt als eigenständige Persönlichkeit mit vielen Fähigkeiten und Bedürfnissen auf die Welt. Es wirkt vom ersten Tag an aktiv und kreativ bei der Gestaltung der eigenen Entwicklung und seiner Beziehung zur Umwelt mit. Erwachsene haben dabei die Aufgabe, Kinder zu fördern, zu unterstützen und zu schützen, nicht aber sie zu bevormunden. Jedes Kind ist in jeder Lebensphase Subjekt seines eigenen Lebens. Ein Kind wird nicht erst ein Mensch, es ist ein Mensch. Erwachsene dürfen Kindern nicht vorschreiben, wie sie werden sollen, sondern müssen verstehen lernen, wie Kinder werden können und was sie dazu brauchen. Erwachsene haben die Verantwortung, Kinder auf deren eigenen Wegen zu begleiten. Dabei müssen Kinder ernst genommen und mit Respekt behandelt werden.

Mit der Annahme der Kinderrechtskonvention ist gleichzeitig auch die Verpflichtung zu ihrer Verbreitung verbunden: „Die Vertragsstaaten verpflichten sich, die Grundsätze und Bestimmungen dieses Übereinkommens durch geeignete und wirksame Maßnahmen bei Erwachsenen und auch bei Kindern allgemein bekannt zu machen". (Teil II, Art. 42) Darüber hinaus sind die Vertragsstaaten verpflichtet, der UN in bestimmten zeitlichen Abständen über die Umsetzung der Kinderrechte in ihrem Land, die Fortschritte, aber auch die Schwierigkeiten, die sich dabei vielleicht ergeben haben, zu berichten.

Der Verwirklichung der Kinderrechte in den Vertragsstaaten steht also nichts mehr im Wege – so möchte man meinen. Leider aber können die Länder die Kinderrechtskonvention mit Vorbehalten annehmen, also quasi mit hinter dem Rücken gekreuzten Fingern. Zwar dürfen die Vorbehalte „nicht unvereinbar mit Ziel und Zweck des Übereinkommens sein" (Teil III, Art. 50) – diese Vorschrift ist aber offensichtlich weit interpretierbar. Denn in der Praxis führen die „Vorbehaltserklärungen" dazu, dass die Kinderrechte eben doch nicht für alle Kinder in gleicher Weise Gültigkeit haben.

Die Kinderrechte in Deutschland

1992 wurde die UN-Kinderrechtskonvention auch vom Deutschen Bundestag ratifiziert – mit Vorbehalten. Die Vorbehaltserklärung (→ für die Bezugsadresse s. S. 14) enthält wesentliche Einschränkungen:

- Das Übereinkommen soll innerstaatlich keine unmittelbare Anwendung finden.
- Dadurch bleibt insbesondere die Asymmetrie zwischen den Rechten der Eltern und den Rechten der Kinder erhalten.
- Das Übereinkommen darf nicht das Recht beschränken, Gesetze und Verordnungen über die Einreise von Ausländern und die Bedingungen ihres Aufenthaltes zu erlassen und Unterschiede zwischen Deutschen und Ausländern zu machen.

Aber selbst bei Akzeptieren dieser Einschränkungen braucht die Verwirklichung der Kinderrechte nach der Ratifizierung der Kinderrechtskonvention auch in Deutschland noch eine breite Unterstützung. Das Verständnis für die Notwendigkeit von Kinderrechten und / oder das Bewusstsein für Rechts-verletzungen ist nicht selbstverständlich gegeben. 1993 bildete sich entsprechend dem internationalen Vorbild die „National Coalition", ein Gremium aus einer wachsenden Anzahl von Kinder-Lobbyisten und Initiativen und Organisationen aus unterschiedlichen gesellschaftlichen Bereichen. Die „National Coalition" versteht sich als Koordinierungsstelle für die Bemühungen um die Verwirklichung der Kinderrechte. Ihr Ziel ist, einen breiten fachlichen Dialog zu organisieren und den Umsetzungsprozess kritisch zu begleiten.

Verfolgt man die Entwicklung der Kinderrechte in Deutschland seit ihrer Deklaration vor ca. 10 Jahren, dann ist ihre Verwirklichung hier – im Vergleich zu den armen Ländern und den Krisen- und Kriegsgebieten auf der ganzen Welt – weit fortgeschritten. Forderungen und Aktionen zu den Kinderrechten beziehen sich dementsprechend überwiegend auf „die Anderen".

Die Not und Rechtlosigkeit der Kinder in der Welt braucht jede erdenkliche Unterstützung. Darüber darf aber nicht vergessen werden, dass auch bei uns noch längst nicht alle Kinder „zu Recht" kommen. Die Diskriminierungen sind allerdings diskreter geworden. Sie können leicht übersehen bzw. verharmlost oder abgeleugnet werden. Auch bei uns ist die Chancengerechtigkeit für alle Kinder begrenzt. Und die aktuellen öffentlichen Diskussionen über „Leistung" – im Sinne von Konkurrenz – lassen befürchten, dass die Schere wieder größer statt kleiner wird. Kinder sind und haben bei uns ein besonders großes Armutsrisiko. Viele leiden unter Gewalt, Ausgrenzung und mangelnder Achtung. Das Recht der Kinder auf ein gesundes Leben, das bedeutet auch auf eine gesunde Umwelt, wird viel zu wenig beachtet. „Kinder sind unsere Zukunft" bleibt eher ein Lippenbekenntnis. Die Meinung der Kinder ist selten gefragt. Erziehung und ihre Institutionen sind immer noch nicht frei von autoritären und kinderfeindlichen Strukturen. Die Möglichkeiten der Kinder zur Mitbestimmung sind erst in Ansätzen entwickelt. Gerade in der Schule ist Mitbestimmung – obgleich in den Schulgesetzen der Länder theoretisch angelegt – im Schulalltag praktisch (noch) nicht gefragt. Bis zu einem umfassenden Schutz aller Kinder und ihrer Beteiligung an der Gestaltung ihrer gegenwärtigen Lebenssituation und ihrer gesellschaftlichen Zukunft ist auch in Deutschland noch viel Überzeugungsarbeit zu leisten, es sind noch viele Schritte zu tun.

Dabei ist es noch relativ leicht zu vermitteln, dass Kinder besonderen Schutz und besondere Fürsorge brauchen. Gegen die Realisierung der Selbstbestimmungs- und Mitbestimmungsrechte wird aber oft angeführt, Kinder seien „noch zu klein", um Entscheidungen über sich zu treffen bzw. an solchen Entscheidungen mitzuwirken. Entwicklungspsychologen sehen das allerdings anders. Nach ihren Beobachtungen können Kinder schon mindestens ab drei Jahren mitreden und mitbestimmen. Mit sechs bis sieben Jahren sind sie bereits ernst zu nehmende Partner. Ab nun gibt es keine Entschuldigung mehr dafür, sie nicht an den Entscheidungen, die sie selbst betreffen, mitwirken zu lassen. Im Gegenteil: Sofern dem Kind die nötigen Informationen zur Verfügung stehen, sollte im Zweifelsfall die kindliche Meinung den Ausschlag geben. Kinder können nicht nur mitbestimmen, sie wollen es auch. Kinder haben ein existentielles Bedürfnis nach Anerkennung, Achtung, Respekt und Freiheit. Sie brauchen das Recht, sich selbst und ihre Welt zu entwerfen und nicht nur in einen fremden Entwurf eingepasst zu werden.

Ein weiteres Argument zur Abwehr der Kinderrechte lautet: Kinder haben heute sowieso schon zu viele Rechte, sie müssten erst mal ihre Pflichten kennen lernen. Wer so argumentiert, hat sich mit der Vision der Menschenrechte nicht auseinandergesetzt. Kinderrechte sind Menschenrechte, d.h. Grundrechte, die in einem demokratischen Zusammenleben allen Menschen in gleicher Weise allein aufgrund ihres Menschseins zustehen und nicht durch Übernahme von „Pflichten" erarbeitet werden müssen oder gewährt werden können. Das Gegenteil von Recht ist nicht Pflicht, sondern Rechtlosigkeit. Jedes Recht enthält auch die Pflicht, die Rechte der anderen zu achten.

Die Kinderrechte bekannt machen

Eine Grundvoraussetzung für die Durchsetzung der Kinderrechte ist, dass sie eine große Bekanntheit genießen. Erwachsene müssen die Kinderrechte kennen, um sie zur Leitschnur ihres Handelns und für Kinder erfahrbar zu machen. Kinder müssen wissen, dass es die Kinderrechte gibt, damit sie sie einfordern können. Nur wer seine Rechte kennt, kann zu einem selbstbestimmten und verantwortungsbewussten Mitglied unserer Gesellschaft werden.

Obgleich die Bundesrepublik sich bereits vor 10 Jahren verpflichtet hat, die Kinderrechte zu verbreiten, sind diese noch längst nicht allen Erwachsenen geschweige denn allen Kindern bekannt. Vordringliche Aufgabe muss es also sein, den Bekanntheitsgrad zu erhöhen, damit die Kinderrechte zur Grundlage des Kinderlebens werden können. Wichtige Maßnahmen sind Aktionen und Projekte, z.B. anlässlich der Jahrestage der Verabschiedung der Kinderrechtskonvention, oder aus aktuellem Anlass, z.B. bei gravierenden Kinderrechtsverletzungen oder besorgniserregenden gesellschaftlichen Entwicklungen. Solche gelegentlichen Glanzlichter reichen aber nicht aus. Erforderlich sind langfristige und nachhaltige Konzepte für den Alltag. Beim Bekanntmachen der Kinderrechte haben alle Einrichtungen, in denen Kinder gemeinsam leben und lernen, besondere Wirkungsmöglichkeiten. Die Kinderrechte bieten Kindern einen konkreten Zugang zur

Demokratie. Sie sollten Grundlage einer demokratischen Lernkultur sein.

Letztlich liegt es an jeder und jedem Einzelnen, die Regierung an die von ihr unterzeichneten Verpflichtungen zu erinnern und für ihre Umsetzung zu sorgen. Es reicht nicht aus, den Widerspruch zwischen geschriebenem und verwirklichtem Recht zu beklagen. Alle sind aufgefordert, etwas zu tun, damit Kinder „zu Recht" kommen.

📖 Die Kinderrechte auf dem Papier

Die „Kinderrechte" sind in unterschiedlichen Fassungen, für Erwachsene und für Kinder, veröffentlicht:

- Bundesministerium für Familie, Senioren, Frauen und Jugend (Hg.): Übereinkommen über die Rechte des Kindes
  Bezug: BMFSFJ, 11018 Berlin, Fon: 030/20655-0, Fax: 030/20655-1145, Internet: www.bmfsfj.de
  Diese kostenlose Broschüre enthält die Texte der UN-Kinderrechtskonvention in amtlicher Übersetzung und ergänzende Materialien wie eine Denkschrift des Deutschen Bundestages zu dem Übereinkommen und die Vorbehaltserklärung.

- Bundesministerium für Familie, Senioren, Frauen und Jugend (Hg.): Die Rechte der Kinder von logo einfach erklärt, Bonn 1999
  Das Buch ist in Zusammenarbeit mit dem Programmbereich Kinder und Jugend des ZDF entstanden. Außer vereinfachten Erklärungen für Kinder enthält es auch die Kinderrechtskonvention im Wortlaut – allerdings ohne Vorbehaltserklärung der BRD.

- Deutscher Kinderschutzbund Bundesverband e.V., DKSB Hannover 1997 im Auftrag des Aktionsbündnisses Kinderrechte (Hg.): Meine Rechte, Hannover 1997.
  Die Broschüre gibt es für drei Altersstufen:
  für Vorschulkinder und Schulanfänger (Teil I, 5–8 Jährige)
  für Schulkinder (Teil II, 9–12 Jährige)
  und Jugendliche (Teil III, 13–18 Jährige)
  Bezug: Deutscher Kinderschutzbund Bundesverband e.V., Schiffgraben 29, 30159 Hannover, Tel.: 0511/30 485-0
  Die schmalen Broschüren mit für die Kleinsten stark vereinfachten Texten müssen kritisch ergänzt werden. Insbesondere das Recht auf Mitbestimmung und die Ausnahmeregelungen kommen zu kurz.

- Deutscher Bundestag – Kinderkommission (KiKo) – (Hg.):
  Kinder haben Rechte!, Berlin 2000
  Bezug: Deutscher Bundestag – Kinderkommission, Platz der Republik 1, 11011 Berlin, Tel.: 030/227 – 32271, Fax: 030/227 – 36 878 oder 227 – 36 979, Internet: www. bundestag.de/interakt/kinder/index.html
  Hier geht es nicht um den Text der Kinderrechtskonvention. Die KiKo will zwar Kinder darüber informieren, dass sie Rechte haben, hauptsächlich aber will sie auf ihre Arbeit und die aktuellen Arbeitsschwerpunkte aufmerksam machen und Kinder zum Dialog ermuntern. Und davon sollten Kinder Gebrauch machen!

II. Kinder erfahren ihre Rechte

Demokratische Erziehung bleibt folgenlos, wenn sie sich auf die abstrakte Beschäftigung mit den Kinderrechten beschränkt. Sie kann nur am Beispiel und durch Erfahrung erfolgen. Kinder sollten ermutigt werden, ihre eigenen Vorstellungen zu entwickeln. Was ist notwendig, um die Kinderrechte für alle gültig zu machen?

Dazu ist erforderlich, dass Kinder die Kinderrechte in ihren konkreten Gefährdungen, Verletzungen, Spannungen erfahren, sie in ihrem Alltag überprüfen und verwirklichen. Das kann gelingen, wenn die Kinder sich die Inhalte selbstständig erarbeiten und eigene Ideen zur Umsetzung entwickeln.

Entsprechend sind die folgenden Handlungsanregungen zusammengestellt. Es geht darum, Wege aufzuzeigen, verschiedene Methoden und Medien kreativ mit unterschiedlichen Themen zu verbinden. Durch einfache kreative Übungen können die Kinder Denkanstöße erhalten, die ihnen ihre Rechte und Rechtsverletzungen bewusst machen und schließlich zum Erkennen eigener Handlungsmöglichkeiten führen. Dabei sind Erwachsene erforderlich, die diesen Erkenntnisprozess offen und aufmerksam begleiten, eine vertrauensvolle Atmosphäre schaffen und die kreative Auseinandersetzung der Kinder mit ihren Rechten engagiert unterstützen. Die Übungen und Vorschläge sind darüber hinaus so offen angelegt, dass sie in außerschulischen Institutionen und in der Schule mit Kindern unterschiedlichen Alters und unterschiedlicher Fähigkeiten eingesetzt werden können. Inhalte und praktische Ausgestaltung bestimmen jeweils die Kinder auf Grund ihrer besonderen Situation und anhand aktueller Probleme selbst.

Den Anfang machen Vorschläge, wie die Kinderrechte allgemein ins Gespräch gebracht werden können. Anschließend sind Denkanstöße, Handlungsanregungen und eine Literaturauswahl für jedes einzelne Kinderrecht, entsprechend der Kurz-Fassung auf S. 9, zusammengestellt.

📖 Ein Koffer voller Kinderrechte

Die Suche nach brauchbaren Materialien zum Thema Kinderrechte gestaltet sich nicht immer leicht. Viele wurden von Organisationen und Institutionen herge-stellt oder sind im Zusammenhang mit besonderen Kinderrechts-Projekten ent-standen. Im Rahmen solcher Projekte wurde auch die Idee des „Kinderrechte-Koffers" geboren und mit Unterstützung des Bundesministeriums für Familie, Senioren, Frauen und Jugend zum 20. November 1999, dem 10. Jahrestag der UN-Kinderrechtskonvention, verwirklicht. Der Koffer enthält umfangreiches Informations- und Praxismaterial für Erwachsene und Kinder. Bei der Auswahl wurde auf inhaltliche Ausgewogenheit und Medienvielfalt geachtet: Sachbücher und -broschüren, Kinderzeitschriften, Ton- und Videokassetten, eine CD, Filme, Hörspiele und Anregungen zu Aktionen. Die Arbeit mit dem Koffer beschreibt ein Leitfaden „Wie Kinder zu Recht kommen." Die ersten 1200 Exemplare wur-den vom BMFSFJ kostenlos an Kinderrechtsorganisationen und Jugendverbän-de, Institutionen der Aus- und Fortbildung, Landesjugendbehörden, Bibliothe-ken, Landesbildstellen u.Ä. verteilt. Dort können sie ausgeliehen werden. Natürlich kann der Koffer auch für die eigene Institution erworben werden: Bundesministerium für Familie, Senioren, Frauen und Jugend (Hg.): Ein Koffer voller Kinderrechte. Medien und Materialien für Kinder und Erwach-sene Berlin 1999
Informationen und Bezug: Macht Kinder stark für Demokratie e.V., Postfach 600621, 60336 Frankfurt/M., Tel.: 069/95 520 681, Fax: 069/86 68 73, e-mail: info@makista.de, Internet: *www.makista.de*

Die Rechte der Kinder zum Thema machen

Der Bezug zu den Kinderrechten ist in jeder Kindergruppe leicht herzustellen. Situationen, die die Rechte der Beteiligten tangieren, wie Meinungsverschiedenheiten, Konflikte, Vorurteile, Ausgrenzungen, Regelsetzungen und Regelverletzungen, Absprachen und anderes mehr gehören zum Alltag des Zusammenlebens. Darüber hinaus gibt es aktuelle Anlässe, die zur Beschäftigung mit den Kinderrechten motivieren: ein Bolzplatz soll zum Parkplatz umfunktioniert werden, die Kinder wünschen sich einen Internet-Zugang in der Gemeindebücherei, ein behindertes Kind darf nicht die Regelschule besuchen, die Stadt will ein Kinderparlament einrichten, ein ausländischer Mitschüler soll abgeschoben werden und anderes mehr. Und natürlich können auch öffentliche Aufrufe und Projekte genutzt werden wie Mal- oder Schreibwettbewerbe zu den Kinderrechten, Aktionen gegen Gewalt und Rassismus, Sammlungen für ein Kinderheim u.Ä., um den Einstieg in eine kontinuierliche Beschäftigung mit den Kinderrechten zu finden.

Die Anfangsphase der Auseinandersetzung mit den Kinderrechten sollte immer dazu dienen, den Bezug der Kinder zum Thema, ihre individuelle Betroffenheit, ihre Vorerfahrungen und ihre Interessen bewusst zu machen und ihre eigenen Fragestellungen zu ergründen.

Dazu eignen sich prinzipiell zwei unterschiedliche methodische Zugänge:
- Offene Anregungen lassen die individuelle Betroffenheit und die individuellen Bedürfnisse besonders gut zur Wirkung kommen. Je offener die Fragestellung, desto stärker werden die kreative Selbstdarstellung und deren Mitteilung angeregt.
- Vorgegebene Fragen und Aussagen erleichtern den Austausch individueller Erfahrungen ohne zu viel Nähe zu verlangen. Die Kinder können ihre Betroffenheit an vorbereiteten Aspekten des Themas anknüpfen. Diese Methode macht den Austausch für alle zunächst sehr klar und übersichtlich.

Welche Einstiegsmethode gewählt wird, muss von Fall zu Fall entschieden werden. Die Entscheidung ist abhängig von der Art und Zusammensetzung der Gruppe und der aktuellen Gruppensituation, dem

Alter der Kinder, ihren Vorerfahrungen und ihrer Vertrautheit miteinander, aber auch von Gruppenleiterin oder Gruppenleiter. Damit der Einstieg gelingt, müssen sie eine Methode wählen, die „ihnen liegt" und mit der sie sich sicher fühlen.

Die Methoden, die im Folgenden allgemein für den Einstieg ins Thema beschrieben werden, können – mit entsprechendem Inhalt – auch zur Thematisierung jedes einzelnen Kinderrechts verwendet werden.

Spielimpulse und Handlungsanregungen

1 In der Fantasie ins Land der Kinderrechte reisen

Gelenkte Fantasien, die so genannten „Fantasiereisen", ermöglichen jedem Kind einen individuellen Einstieg in ein Thema. Sie aktivieren die bereits vorhandenen Kenntnisse, insbesondere aber regen sie Vorstellungsvermögen und Kreativität an und setzen Denkprozesse in Gang. Fantasiereisen können vom Inhalt her sehr unterschiedlich angelegt

sein, bei der Strukturierung sind aber einige Grundregeln einzuhalten:

- Es muss ruhig und störungsfrei sein. Die Kinder sollen sich ganz auf sich selbst konzentrieren können.
- Wer die „Reise" anleitet, sollte selbst schon mal an einer Fantasiereise teilgenommen haben, um aus eigener Erfahrung nachempfinden zu können, welche Hindernisse oder Erschwernisse dabei auftreten können, z.B. plötzliche Unruhe, Abgelenktheit, Albernheit. Hilfreich ist es, die Fantasiereise vor dem Einsatz mit den Kindern alleine zu üben.
- Die Anleitung sollte möglichst in der „Ich-Form" gesprochen werden. Das erleichtert die Identifikation.
- Die Reise sollte eine deutliche Struktur haben: Aufbruch – Ankunft – Verweilen – Abreise – Rückkehr. Es muss langsam gesprochen und besonders beim Verweilen Zeit gelassen werden, damit die Kinder Muße haben, ihre eigenen inneren Bilder zu entwickeln.
- Im Anschluss an die Reise erhalten die Kinder eine Anregung oder eine Aufgabe, mit deren Hilfe sie ihre inneren Bilder weiterentwickeln und mitteilbar machen können, z.B. ein Bild malen, eine Szene spielen, einen Text verfassen, eine Aktion planen …

Der Text für eine Fantasiereise ins Reich der Kinderrechte könnte z.B. lauten:

„… Ich sitze bequem auf meinem Stuhl … Es ist angenehm warm … Ich fühle mich wohl … Vor dem Fenster wölbt sich der blaue Himmel … Ein sanfter Wind bewegt die Blätter der Bäume … Ein weiße Wolke hält genau vor dem Fenster und lädt mich zum Mitfliegen ein … Ich liege auf der Wolke … Sie schaukelt sacht hin und her … Ich schließe die Augen und lasse mich entführen … Irgendwann hört das sanfte Schaukeln auf … Ich öffne langsam die Augen… Vor mir liegt eine wunderschöne Ebene … Viele Kinder sind mit den unterschiedlichsten Dingen beschäftigt … Sie lächeln mir freundlich zu … Sie begrüßen mich und laden mich ein, zu ihnen zu kommen … Ich bin im Land der Kinderrechte gelandet … Die Kinder zeigen mir, was sie tun … Sie erzählen mir von ihrem Leben … Langsam wird es Abend … Es wird Zeit für mich zurückzufliegen … Ich schwebe wieder auf meiner Wolke … Sie hält vor dem Fenster und lässt mich absteigen … Ich öffne die Augen … Ich bin zurück auf meinem Stuhl … Aber vor mir sehe ich immer noch das Land der Kinderrechte …"

2 Die Kinderrechte „begreifen"

Den Kindern wird eine Sammlung von Alltagsgegenständen aus dem Gruppenraum präsentiert, z.B. Lineal, Schal, Brille, Zeitung, Löffel, Pflaster, Wörterbuch …

Die Kinder werden nun gebeten, Assoziationen zwischen den Gegenständen und Kinderrechten herzustellen. Welche Kinderrechte imaginieren die Kinder?

Die Assoziationen werden einzeln auf Kärtchen geschrieben und auf ein Wandplakat geheftet.

Welche Rechte erscheinen der Gruppe besonders wichtig? Womit möchte sie sich weiter beschäftigen?

3 Die Wunschrechte der Kinder kennen lernen

Was Kinder unter ihren Rechten verstehen unterscheidet sich nicht selten vom Verständnis der Erwachsenen. Eine Begriffsklärung kann deshalb einen guten Einstieg ins Thema bieten. Die Kinder werden gebeten, folgende Fragen zu beantworten:

„Was sind für euch Rechte? Welche Rechte habt ihr?

Alle Aussagen werden – ohne Diskussion, Kritik und/oder Korrektur – aufgeschrieben, z.B. auf ein Wandplakat oder in ein „Rechte-Buch", das öffentlich ausliegt. Die „Rechte"-Sammlung kann dann nach und nach ergänzt werden. Ist die Sammlung komplett, sucht sich jedes Kind ein „Recht" heraus, das es für besonders wichtig hält bzw. das es besonders interessiert, und sammelt dazu aus Zeitungen, Zeitschriften, Broschüren, dem Internet usw. weitere Informationen, Abbildungen, Beispiele, Fragen. Mit dem gesammelten Material gestaltet es eine „Rechte"- Seite oder ein Poster. Das Recht sollte dabei genauer beschrieben, der Anspruch der Kinder auf genau dieses Recht begründet werden.

Über die fertigen Produkte wird dann in der Gruppe diskutiert. Aus der Diskussion kann die Zusammenstellung eines von allen Gruppenmitgliedern akzeptierten „Rechte-Kanons" resultieren. Die von den Kindern zusammengestellten Rechte können

- mit den Rechten der UN-Kinderrechtskonvention verglichen werden
- mit Kindern aus Partner-Gruppen oder -Klassen ausgetauscht und diskutiert werden
- in der Institution, zu der die Gruppe gehört, in der Schule, in der Gemeinde o. Ä. veröffentlicht werden
- Anstöße zu Aktionen oder Projekten geben usw.

4 Mit Kinderrechten spielen

Eine Situation aus dem Gruppenalltag, bei der es um demokratisches Zusammenleben und/oder Verletzung von Kinderrechten geht, wird nachgespielt, z.B.
Die Gruppe plant eine gemeinsame Fahrt – eine Lehrerin hat ein „Briefchen", das sich zwei Kinder im Unterricht geschrieben haben, laut vorgelesen – eine Erzieherin verlangt, dass ein türkisches Mädchen das Kopftuch absetzt – ein Kind erpresst ein anderes – ein Kind hat eine Scheibe eingeschmissen und hat Angst vor den Schlägen des Vaters usw. usw.
Dieselbe Szene wird nacheinander von unterschiedlichen Kindern gespielt, die dabei möglichst unterschiedliche Lösungen entwickeln. Die verschiedenen Lösungen werden anschließend im Gespräch gemeinsam begründet und

gegeneinander abgewogen. Bei welcher Lösung sind die Rechte aller handelnden Personen am Besten gewährleistet? Wie schwierig war es, eine solche demokratische Lösung überhaupt zu finden?

5 Eine Foto-Rallye zu den Kinderrechten machen

Die Kinder untersuchen mit Sofortbildkamera, Notizblock und Stift ihren Stadtteil, ihre Gemeinde, ihre Schule o. Ä. auf „Kinderfreundlichkeit". Wo kommen Kinder vor und wie? Welche Lern- und Lebensmöglichkeiten haben sie? Wo und wodurch sind Kinder gefährdet? Wo werden die Rechte der Kinder verletzt? Die Kinder fotografieren z.B.

- Schilder an Hauseingängen und Freiflächen wie „Spielen von 15 – 18 Uhr" oder „Spielen verboten",
- alle Zigarettenautomaten, an denen Kinder täglich vorbeigehen müssen,
- Spiel- und Bolzplätze,
- Parkplätze und Tiefgaragen,
- die Höhe der Klingelknöpfe in Fahrstühlen u.Ä.

Die Ergebnisse der Foto-Rallye werden zu einer Ausstellung zusammengestellt. Wo gibt es schon „kindgerechte" Lösungen? Wo sind Kinder besonders benachteiligt? Welche Kinderrechte werden in besonderem Maße verletzt? Wo brauchen wir mehr Informationen? Mit welchem Kinderrecht wollen wir uns weiter beschäftigen? Wofür wollen wir uns einsetzen?

6 Erwachsene zu den Kinderrechten befragen

Die Kinder befragen Erwachsene nach den „Kinderrechten".

Welche Rechte haben Kinder nach deren Meinung? Welche Rechte sollten sie nicht haben? Welche Rechte sollten sie haben? Was kann man tun, damit die Kinder besser zu ihrem Recht kommen? Empfehlenswert ist, die Befragung mit einem Kassettenrekorder aufzunehmen. In jedem Fall müssen die Aussagen unmittelbar festgehalten werden.

Interessant kann es sein, bestimmte Erwachsenengruppen zu unterscheiden, z.B. Erwachsene bis 30 Jahren, zwischen 30 und 60, über 60 – Erwachsene mit und ohne eigene Kinder – Erwachsene in pädagogischen Berufen und andere – Frauen und Männer – Politikerinnen und Politiker und nicht in der Politik Tätige u.Ä. Bedeutsam kann auch der Zeitpunkt der Befragung sein: Vor einer Wahl – nach einer Wahl.

Die Antworten können getrennt ausgewertet und dargestellt werden, z.B. auch als Statistiken. Sie werden mit den Erfahrungen und Vorstellungen der Kinder über ihre Rechte verglichen. Wo haben die Kinder etwas Neues, Bedenkenswertes erfahren? Wo gibt es Unterschiede? Wo ist eine Verständigung besonders wichtig? Wie wollen die Kinder weiterarbeiten?

7 Die „öffentliche Meinung" zu den Kinderrechten abwägen

Über Kinder, ihre Rechte und Pflichten gibt es viele Meinungen, angefangen von „Kinder haben zu schweigen, wenn Erwachsene reden" bis „Die Welt gehört in Kinderhände". Solche „öffentlichen" Meinungen werden gesammelt und einzeln auf Kärtchen geschrieben, bis die Gruppe etwa 20 bis 30 „Meinungskarten" zusammen hat. Auf die Ausgewogenheit zwischen positiven und negativen Aussagen sollte geachtet werden. Die Übung regt dazu an, differenzierte Meinungen in der Gruppe zu entwickeln.

Ist die „Meinungssammlung" beendet, teilt sich die Gruppe in Kleingruppen. Jede erhält etwa 10 Meinungskarten, diskutiert die Inhalte und sortiert die Karten in „stimmt" oder „stimmt nicht". Die Gruppenmitglieder diskutieren jede Karte solange, bis sich mindestens zwei Drittel von ihnen auf eine Meinung geeinigt haben. Anschließend werden die Ergebnisse in der Gesamtgruppe vorgestellt und besprochen. Wo gibt es am meisten Diskussions- und Handlungsbedarf? Wie soll weitergearbeitet werden?

Texte für „Meinungskarten" können z.B. sein:
- Kinder haben zu schweigen, wenn Erwachsene reden.
- Die Welt gehört in Kinderhände.
- Kinder sind noch zu klein um mitzubestimmen.
- Die Erwachsenen wissen am Besten, was für Kinder gut ist.
- Natürlich haben auch schon Kinder Rechte.
- Solange Kinder noch von den Eltern finanziert werden, müssen sie auch tun, was die Eltern sagen.
- Kinder sind oft verantwortungsbewusster als Erwachsene.
- usw.

8 Die Kinderrechte paradox diskutieren

Die Gruppe teilt sich in Kleingruppen. In der Kleingruppe geschützt tragen die Kinder alle Vorteile zusammen, die ihnen persönlich bekannt sind,
- wenn Kinder keine Pflichten, sondern nur Rechte hätten oder
- wenn die Kinder alles und die Erwachsenen nichts zu sagen hätten.

Im Anschluss an eine solch paradoxe Aufgabenstellung entwickelt sich meistens eine lebhafte Diskussion. Die Kinder müssen sich nicht mehr so unentwegt tolerant und fair darstellen, sondern können alle Gefühle zulassen. Widerstand kann sanktionsfrei ausgesprochen werden. Kopf und Herz können überhaupt erst frei für eine produktive Auseinandersetzung mit den demokratischen Kinderrechten werden.
Über die Diskussionen in den Kleingruppen wird anschließend im Plenum berichtet. Gemeinsam wird dann die Weiterarbeit beschlossen. Welches Recht erscheint besonders diskussionsbedürftig? Wie kann die Diskussion vertieft werden?

9 Eine Pro- und Kontra-Diskussion

Die Kinder führen eine Pro- und Kontra-Diskussion zum Thema „Kinderrechte". Jeweils eine Kleingruppe sammelt befürwortende Argumente für die Kinderrechte und ablehnende Argumente gegen die Kinderrechte. Ein Kind trägt die Argumente seiner Gruppe anschließend in einer vorgegebenen Zeit, z.B. innerhalb von 5 Minuten vor.
Die restlichen Kinder der Gruppe bilden das „Plenum". Nach dem Vortrag der Pro- und Kontra-Argumente können sie Fragen stellen, widersprechen, diskutieren. Abschließend wird abgestimmt: Welche Argumente waren überzeugender, die Pro- oder die Kontra-Argumente? Für welche Kontra-Argumente fehlen noch passende Erwiderungen? Wie könnte man diese Kontra-Argumente entkräften?
Bei der Diskussion sollte immer im Blick behalten werden: Was ergibt sich daraus für die Weiterarbeit in unserer Gruppe?

10 Sich den Kinderrechten mit Hilfe von Texten nähern

Literarische Texte helfen Kindern, mehr über sich selbst zu erfahren, über ihre Gefühle und Beziehungen, ihre Ängste und Freuden, ihre Benachteiligungen und ihr Angenommensein.

Texte geben Einblick in das Leben anderer, z.B. anderer Kinder, anderer Familien, behinderter Menschen, von Flüchtlingen usw. Sie können dadurch den Gesichtskreis der Kinder erweitern und mögliche Vorurteile abbauen helfen.

Texte beinhalten Fakten und Erklärungen. Sie vermitteln neue Informationen, vertiefen das Wissen der Kinder, regen zum Vergleichen an und helfen ihnen, Zusammenhänge zu erkennen.

Texte greifen gesellschaftskritische „große" Themen wie Gewalt, Rassismus, Umwelt, Mitbestimmung u.Ä. in einer für Kinder zugänglichen Form und Sprache auf.

Texte geben Impulse zum Nachdenken und Nachfragen, beflügeln die Fantasie der Kinder, regen zum Handeln, zur Mitwirkung und damit zur Mitverantwortung an.

Der Einsatz von Texten und Büchern eröffnet viele didaktische Möglichkeiten, z.B.:

- im Kreis über den Text sprechen
- über den Inhalt nachdenken, Fragen stellen, „philosophieren"
- die eigene Situation reflektieren
- nach einem Einstieg den Handlungsverlauf antizipieren und mit dem tatsächlichen vergleichen
- den Text mündlich oder schriftlich weiterspinnen
- neue Lösungen finden
- weitere Geschichten zum im Text behandelten Kinderrecht erfinden, sich zum Selbstschreiben anregen lassen
- eigene Einfälle, Gedanken, Zweifel in Worte kleiden und aufschreiben
- sich in eine Person oder Sache aus dem Text hineinversetzen und aus der Ich-Perspektive erzählen, schreiben oder malen
- einzelne Stellen szenisch interpretieren
- den Inhalt zeichnerisch oder musikalisch verarbeiten
- das Thema des Textes mit der Darstellung in anderen Medien, anderen Büchern, Zeitschriften, Fernsehen, Film, Kassetten, Internet vergleichen.

📖 Eine Auswahl geeigneter Kinderbücher

- Kästner, Erich: Die Konferenz der Tiere, Dressler Hamburg, Bilderbuch ab vier Jahre
- Kästner, Erich: Die Konferenz der Tiere, Dressler Hamburg, ab acht Jahre
- Kästner, Erich: Die Konferenz der Tiere, dtv junior München, ab zehn Jahre

Schon wieder ist eine internationale Konferenz zur Sicherung des Weltfriedens gescheitert und die Tiere sorgen sich: Die vielen Kriege zerstören jede Lebensgrundlage, vor allem die der Kinder. So laden die Tiere zur Konferenz ein, um über Möglichkeiten zu beraten, die Menschen zur Vernunft zu bringen. Der Kinderbuchklassiker aus dem Jahr 1949 hat an Aktualität bis heute nichts verloren.

- Nöstlinger, Christine: Der kleine Herr greift ein, Oetinger Hamburg, ab acht Jahre

Weil Kinder es in der Wirklichkeit nicht so gut haben wie in den Kinderbüchern, beschließt der kleine Herr ihnen zu helfen und Kindermann zu werden …

- Portmann, Rosemarie (Hg.): Trau dich was, Arena Würzburg, ab 6 Jahre

In der Anthologie geht es um Recht haben und Recht tun. Die Geschichten bekannter und unbekannterer Autorinnen und Autoren umkreisen 6 der Kinderrechte und machen Kindern Mut, von klein auf selbstbewusst und selbstverantwortlich für eigene Rechte und die der anderen einzustehen.

Bücher, die einzelne Kinderrechte thematisieren, sind in den jeweiligen Kapiteln aufgenommen.

III. Denkanstöße und Handlungs- anregungen zu den einzelnen Kinderrechten

1 Alle Kinder haben die gleichen Rechte Kein Kind darf benachteiligt werden

Schon dieser, auf den ersten Blick doch eigentlich selbstverständliche Grundsatz ist bei genauerem Hinsehen auch in Deutschland nicht verwirklicht. Die Vorstellung, dass bei uns alle Kinder weitgehend „gleichberechtigt" sind und ohne Benachteiligungen und Belastungen aufwachsen, entspricht der Wirklichkeit nur bedingt.

So ist vielfach belegt, dass Kinder die am stärksten von Armut betroffene Gruppe darstellen. 1998 waren laut regierungsamtlichen Zahlen 12% der Kinder in Westdeutschland und 22% der Kinder in Ostdeutschland „arm". Zwar hat die absolute Armut bei uns weitgehend an Bedeutung verloren – aufgrund der sozialstaatlichen Maßnahmen muss kein Kind mehr verhungern oder erfrieren –, aber die relative Armut, bemessen am durchschnittlichen Wohlstand und Lebensstandard, führt zu gesellschaftlichen und sozialen Benachteiligungen. Für Kinder hat es schwerwiegende Folgen in einer „armen" Familie groß zu werden. Armut führt zu gehäufter Unterversorgung in verschiedenen Bereichen, die für Entwicklung und Zukunftschancen der Kinder relevant sind, wie Bildung und Ausbildung, Betreuungs- und Wohnsituation, gesundheitliche Versorgung, Spiel- und Freizeitmöglichkeiten, Kontakte zu anderen Kindern u.a.m.

Das Risiko von Armut betroffen zu werden ist für deutsche und nichtdeutsche Kinder bzw. für Kinder mit verschiedenen kulturellen Hintergründen unterschiedlich. Kinder aus Aussiedlerfamilien und ausländische Kinder unterliegen häufig aufgrund ihrer ethnischen bzw. nationalen Zugehörigkeit zusätzlichen Problemen und Benachteiligungen – ganz abgesehen davon, dass die Kinderrechte für ausländische Kinder in Deutschland sowieso nur mit Vorbehalt gelten. Deutschland hat die Kinderrechtskonvention 1992 nur insoweit ratifiziert, wie sie Rechte der Bundesregierung, also beispielsweise das geltende Asyl- und Ausländergesetz, nicht beschränkt.

Viele Kinder wachsen nicht nur in Lebenssituationen auf, die Benachteiligungen objektiv begünstigen, sie sind dadurch auch besonders von sozialer Ausgrenzung und Stigmatisierung durch subjektive Vorurteile betroffen. Der größten Gruppe unter den „armen" Eltern, den alleinerziehenden Müttern, wird immer wieder besonderes Unvermögen bei der Erziehung und Betreuung ihrer Kinder unterstellt. Kindern aus sozial benachteiligten Familien, aus Familien, in denen Eltern langfristig arbeitslos oder krank sind, aus Aussiedler- und Flüchtlingsfamilien wird nicht selten mit Misstrauen und Abwehr begegnet.

Darüber hinaus gibt es weitere diskrete Diskriminierungen: Jungen und Mädchen, behinderte und nichtbehinderte Kinder, lernschwache und hochbegabte, dunkel- und hellhäutige, Kinder unterschiedlicher Religionszugehörigkeiten – um nur die typischsten Beispiele zu nennen – machen noch längst nicht überall die Erfahrung gleicher Wertschätzung und gleicher Rechte.

Wenn nicht bewusst gegengesteuert wird, lassen wir unsere Kinder unversehens in dieses System der Ungleichheit und Ungleichbehandlung hineinwachsen. Kinder lernen dann z.B. früh, dass Jungen „stärker", Blonde „schöner", Hochbegabte „klüger", Nichtbehinderte „intakter", Christen „rechtgläubiger" sind als andere, dass sich aus diesen Vorzügen selbstverständliche Vorrechte ergeben und dass es für einen selbst besser ist, wenn man vielleicht schon nicht zu den „Besseren" gehört, sich doch auf ihre Seite zu schlagen, um an ihren Vorrechten teilzuhaben.

📖 **Weitere Denkanstöße**

Carle, Ursula/Kaiser, Astrid (Hg.): Rechte der Kinder, Schneider Verlag, Hohengehren 1998

1 Wir spielen Gleichheit

„Alle Kinder haben die gleichen Rechte." Diesem Satz werden vermutlich alle zustimmen. Aber was bedeutet das? Heißt das: Alle Kinder sind gleich? Und was wäre, wenn das tatsächlich so wäre?

Die Gruppe spielt für ein paar Minuten „Gleichheit". Alle verhalten sich gleich. Sie tun so, als wären sie eine Person. Ein Kind wird zum „Prototyp" bestimmt, die anderen imitieren es, versuchen seine Mimik, seine Gestik, seine Sprache so originalgetreu wie möglich nachzuahmen.

Wie fühlen sich die Kinder bei dieser Übung? Wenn alle gleich wären, wie sollten sie dann sein? Was bedeutet „Gleichheit" stattdessen?

2 Der eigene Name

Jedes Kind ist einmalig und wertvoll. Es hat einen Vornamen, den die Eltern im Allgemeinen liebevoll für ihr Kind ausgesucht haben. Die Beschäftigung mit dem eigenen Namen kann einem Kind vermitteln, welche Wünsche und Erwartungen die Eltern mit seiner Geburt verbunden haben.

Mögliche Arbeitsaufträge:
● Die Kinder gestalten ihren Namen mit besonders schöner Schrift.
● Hat ihr Vorname eine besonders Bedeutung? Welche?
● Warum haben die Eltern ausgerechnet diesen Vornamen ausgesucht?
● Welche Bedeutung hat ihr Nachname?

- Die Kinder suchen ihren Vornamen in anderen Sprachen. Woher kommt es, dass Vornamen international sind?
- Alle suchen nach bekannten Persönlichkeiten, die den gleichen Vornamen tragen. Gibt es bei Namensgleichheit so etwas wie eine „Seelenverwandtschaft"?
- Die Gruppe liest Geschichten zur Namensgebung. Besonders eindrucksvoll sind „Indianergeschichten", in denen Kinder ihren Namen aufgrund besonderer Ereignisse am Tag ihrer Geburt oder für besonderen Mut verliehen bekommen.

Die Kinder sprechen über ihre Namen und deren Bedeutung. Haben sie etwas Neues erfahren? Können sie sich mit ihrem Namen identifizieren? Würden sie ihren Namen wechseln, wenn sie könnten? In welchen? Warum? Hat sich schon mal jemand über ihren Namen lustig gemacht? Wie haben sie sich gefühlt? Haben sie sich schon mal über einen anderen Namen lustig gemacht? Können sie jetzt verstehen, wie die andere Person sich gefühlt hat?

3 Alle Kinder sind besonders

Im einem Alltag, in dem hauptsächlich „Leistung" und „Stärke" zählen, gehen die besonderen Fähigkeiten von Kindern, die vielleicht nicht so leistungsstark sind, leicht unter. Also müssen bewusst Situationen geschaffen werden, in denen jedes Kind seine Fähigkeiten zeigen und sich als besonders und wertvoll erleben kann.

Die Gruppe sucht, prämiert und beklatscht die „Besten" oder „Einzigen" – bezogen auf besondere Merkmale oder Fähigkeiten, die durchaus auch skurril oder lustig sein dürfen. Die Gruppenleiterin oder der Gruppenleiter fragt z.B.:
- Wer ist die oder der (körperlich) Größte?
- Wer kann die Zunge am weitesten herausstrecken?
- Wer kann in drei Minuten die meisten Telefonnummern auswendig lernen? u.Ä.

Bei der Auswahl der Fragen muss darauf geachtet werden, dass tatsächlich jedes Kind einmal gewinnt und dass das Auswahlkriterium in der Gruppe positiv besetzt ist.

(Also nicht fragen: „Wer hat das beste Zeugnis?" wenn schulischer Fleiß in der Gruppe als „schleimen" gilt.)

Die verschiedenen „herausragenden" Fähigkeiten können auf einem Laufsteg oder einer Bühne vorgeführt werden. Jüngere Kinder können als Anerkennung eine Medaille oder eine Urkunde erhalten. Dadurch können sie ihre „Einmaligkeit" und ihren „Selbstwert" festhalten – im wahrsten Sinne des Wortes. Die Gruppe entwirft dafür ein Logo, das aussagt „Ich bin von besonderem Wert".

Im Auswertungsgespräch sollte herausgearbeitet werden, dass es viel mehr herausragende Fähigkeiten oder Merkmale gibt, als uns im Allgemeinen bewusst ist und die nicht gegeneinander aufgewogen werden können. Menschen sind nicht weniger oder mehr wert. Jeder Mensch ist etwas Besonderes und von gleichem Wert.

4 Alle Kinder sind gleich

Mit dieser ganz einfachen Übung können Kinder die Erfahrung machen, dass sie trotz aller Unterschiedlichkeit dennoch immer auch gleich sind:
Die Kinder sitzen im Kreis. Reihum nennt jedes ein Merkmal, das bei allen gleich ist. Die Übung kann so lange fortgesetzt werden, bis niemandem mehr etwas Neues einfällt.

Beispiele:
- Alle Kinder haben Haare.
- Alle gehen zur Schule.
- Alle bekommen Hunger.
- Alle tragen Schuhe.
- Alle haben einen Namen. usw.

Hätten die Kinder gedacht, dass sie so viele Gemeinsamkeiten haben?

Das Spiel kann natürlich auch so gespielt werden: Alle Kinder haben etwas Besonderes. Reihum nennt jedes Kind ein Merkmal, dass es nur selbst hat – oder das Kind, das links neben ihm sitzt.

Beispiele:
- Nur ich habe einen Ohrstecker in Form eines Marienkäfers.
- Nur ich trage Lackschuhe.
- Nur ich habe heute Kuchen für alle mitgebracht.
- Nur ich heiße Étienne.
- Nur ich spiele Trompete. usw.

Welches Spiel war leichter?

5 Sich selbst und andere besser kennen lernen

Diese Übung kann helfen, andere – aber auch sich selbst – besser kennen zu lernen. Voraussetzung ist, dass alle respektvoll miteinander umgehen.

Die Kinder bewegen sich frei im Raum, sie können sich hinsetzen oder umhergehen, ganz wie es ihnen gefällt. Gruppenleiterin oder -leiter geben von Zeit zu Zeit kurze Anweisungen, welche Kinder miteinander kommunizieren sollen. Die Kinder gehen dann aufeinander zu und sprechen miteinander – bis zur nächsten Anweisung. Solche Anweisungen können z.B. sein:

● Geh zu einem Kind, dessen Haare dir besonders gut gefallen.
● Geh zu einem Kind, dessen Klamotten dir gefallen.
● Geh zu einem Kind, das ganz anders aussieht als du.
● Geh zu einem Kind, das vermutlich ganz anders ist als du. usw.

Die Anweisungen sollten sensibel gegeben werden und auf die Gruppensituation – Zusammensetzung der Gruppe, Arbeitsauftrag der Gruppe, Gruppenklima u.Ä. – abgestimmt sein, also nicht „Gehe zu einem Kind, dessen Klamotten dir nicht gefallen", wenn Markenklamotten in dieser Gruppe wichtig sind, um „in" zu sein.

Im abschließenden Auswertungsgespräch werden Fragen geklärt wie:
Wie habt ihr euch während der Übung gefühlt? Wie fühlt ihr euch jetzt? Was hat euch gefallen? Was hat euch nicht gefallen? Habt ihr etwas Neues erfahren? Über andere? Über euch selbst?

Die Übung kann immer wieder gemacht werden – auch wenn die Gruppe schon relativ lange zusammen ist und sich vermeintlich gut kennt. Die Übung eignet sich zum Aufdecken und Bearbeiten unerwünschter Entwicklungen, z.B. von Vorurteilen, wenn neue Kinder in die Gruppe kommen, von Tendenzen, andere auszuschließen, zum Vorbeugen gegen Cliquenbildung u.Ä.

6 Mehr gemeinsam als gedacht

Die Gruppe teilt sich in 3-er- oder 4-er-Gruppen. Jede Kleingruppe bekommt dann Papier und Stift und listet – einzeln untereinander – möglichst viele Eigenschaften oder Merkmale auf, die alle Gruppenmitglieder gemeinsam haben.

Beispiele: Wir sind alle
- frech
- neugierig
- mitfühlend
- sportbegeistert
- usw.

Fällt niemandem mehr etwas ein oder ist das Blatt voll, schließen sich jeweils zwei Kleingruppen zusammen und unterstreichen alle Eigenschaften / Merkmale, die alle aus dieser größeren Gruppe gemeinsam haben. Diese Gruppen schließen sich dann wieder mit einer anderen zusammen und kennzeichnen die gemeinsamen Eigenschaften / Merkmale – so lange, bis die Großgruppe wieder zusammen ist und nur noch die Eigenschaften / Merkmale übrig sind, die allen Kindern gemeinsam sind.

Welche Eigenschaften / Merkmale sind das? Gibt es weitere allen gemeinsame Eigenschaften / Merkmale, die ihnen bisher nur noch nicht eingefallen sind? Welche?

Würden neue Gruppenmitglieder aufgenommen, ließen sich dann immer noch allen gemeinsame Eigenschaften / Merkmale finden? Die Kinder spielen das für möglichst „exotische" neue Mitglieder durch, z.B. für ein Mädchen in einer reinen Jungen-gruppe und umgekehrt, ein dunkelhäutiges Kind in einer Gruppe, in der bisher nur hellhäutige Kinder waren, ein Kind, das kein Wort Deutsch spricht, in einer bisher ausschließlich deutschsprachigen Gruppe usw.
Die Gruppe lässt sich für jedes Beispiel mindestens drei Gemeinsamkeiten einfallen. Wie schwer war das für die unterschiedlichen Beispiele?

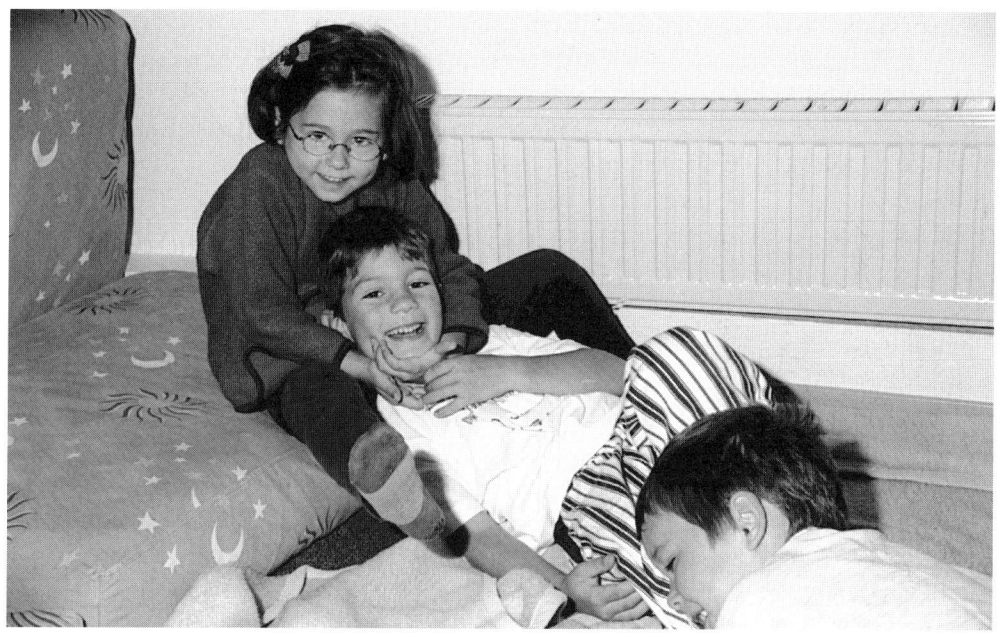

7 Wie ist es, nicht dazu zu gehören?

Kinder sind manchmal schnell bei der Hand, andere auszuschließen, „nicht mitspielen"
oder „nicht mitmachen" zu lassen. Nicht immer ist ihnen bewusst, was sie anderen Kindern damit antun. Sie können sich nicht vorstellen, wie es ist, nicht dazuzugehören oder
ausgeschlossen zu werden. Dies ist eine Übung, Isolation selbst zu erfahren.

Ein Kind wird zu „Außenseiterin oder Außenseiter" ernannt. Die anderen Gruppenmitglieder beginnen nun eine angeregte Unterhaltung über ein bestimmtes Thema.
Das „ausgeschlossene" Kind versucht, sich mit allen Mitteln ins Gespräch einzu-
bringen. Es darf aber weder angesprochen, noch angeschaut werden. Nach einer
kurzen Zeit wird die Übung beendet:

- Wie hat das „ausgeschlossene" Kind sich gefühlt?
- Was hat es alles versucht, „ins Spiel" zu kommen?
- Wie haben die anderen Kinder sich gefühlt?

Die Übung kann mehrmals hintereinander mit unterschiedlichen „ausgeschlossenen" Kindern durchgeführt werden.

Nach der letzten Spielrunde wird jedes Gruppenmitglied gebeten, darüber nachzudenken, ob und wann es selbst schon einmal ausgeschlossen wurde, wie es sich dabei gefühlt hat und ob es eine Möglichkeit gefunden hat, schließlich doch noch in die Gruppe aufgenommen zu werden. Die Überlegungen sollten stichwortartig zu Papier gebracht werden.

In der Schlussreflexion werden Fragen diskutiert wie:
- Wie haben sich die ausgeschlossenen Kinder gefühlt?
- Was haben sie getan, um in die Gruppe zu kommen? Was hätten sie gerne getan?
- Was kannst du tun, wenn eine Gruppe dich zurückweist, weil du dich weigerst, bestimmte Dinge zu tun, die dort üblich sind, z.B. rauchen, sich über andere lustig machen u.Ä.?
- Welchen Rat würdest du einem Freund, einer Freundin geben, die versucht, in eine Gruppe hineinzukommen?
- Wie sehr verletzt uns die ablehnende Haltung anderer?
- Was führt besonders schnell dazu, ein Kind auszuschließen?
- Was kann ich selbst, was kann jedes Kind tun, um eine integrierende Haltung anderen gegenüber zu entwickeln?

8 Wir gehören zusammen

Mit folgender Übung kann einfach und höchst anschaulich verdeutlicht werden, dass alle in der Gruppe gleichberechtigt zusammengehören können, wenn sie sich nur ein bisschen Mühe geben:

Mit den Vornamen aller Gruppenmitglieder wird ein Kreuzwortgitter gefüllt. Alle Namen müssen dabei mit so wenigen Leerstellen wie möglich verbunden werden.

Beispiel:

Ali, Anna, Bert, Erwin, Fred, Hatice, Kati, Lisa, Maik, Nicole, Pele, Sandra, Theo

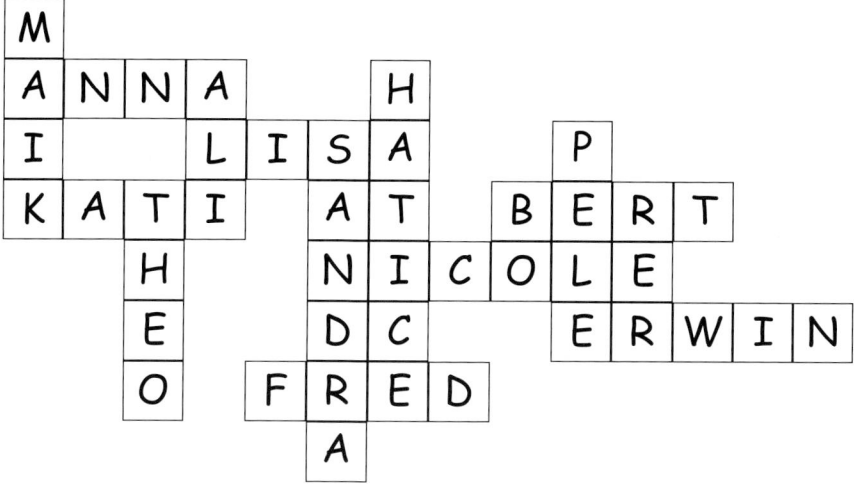

9 Geschlechtertausch

Mädchen und Jungen sind doch schon lange gleichberechtigt. Oder vielleicht doch nicht so ganz? Die Kinder sammeln und lesen Texte, in denen entweder Mädchen oder Jungen die Hauptrollen spielen. Dann „tauschen sie die Geschlechter" in den Texten. Aus Mädchen werden Jungen, aus Frauen Männer, weibliche Namen werden durch männliche ersetzt und umgekehrt.

Textbeispiele:

- Als Lena heute auf den Schulhof kommt, schauen sich alle Mädchen nach ihr um. Sie laufen gleich zu ihr. Marie sagt: „Du bist heute aber schön angezogen." Und Lisa will wissen: „Ist das neu?" Lena antwortet: „Ja, ich muss gut aufpassen, dass ich nicht schmutzig werde!". Sie geht ganz vorsichtig über den Schulhof. Um jede

Pfütze macht sie einen großen Bogen. Da kommt Sven angelaufen. Er rennt hinter Mark her. Er schreit: „Warte nur, wenn ich dich kriege." Dabei rennt er Lena um. Die rutscht in die große Pfütze vor der Schultür und ist über und über mit Dreck bespritzt. Lena fängt laut an zu weinen. Das hört die Lehrerin. Sie wendet sich Lena zu und sagt: „Das ist doch nicht so schlimm. Du weißt doch, dass die Buben immer toben müssen. Und deine Sachen kann deine Mutter sicher wieder waschen."

● Es ist kurz vor 7.00. Wie jeden Morgen ist Frau Maier zuerst aufgestanden, hat ihren Mann und die beiden Kinder Karl und Anna geweckt und das Frühstück für alle gemacht. Herr Maier hat sich gleich hinter die Zeitung verzogen. Frau Maier schmiert Brote für alle zum Mitnehmen. Anna will kein Frühstücksbrot. Sie nimmt nur Obst mit. Alle ihre Freundinnen passen auf ihre Figur auf. Karl sucht seine Fußballschuhe. Er will nach der Schule gleich zum Training. Natürlich kann er seine

Schuhe mal wieder nicht finden. Seine Mutter hilft ihm schnell bei der Suche. Herr Maier drängelt. Er will Karl und Anna mit dem Auto mit zur Schule nehmen. Frau Maier winkt ihnen nach. Seufzend wendet sie sich der Hausarbeit zu. Obgleich sie das Gleiche gelernt hat wie ihr Mann, verbringt sie ihre Zeit nun mit Putzen, Bügeln und Kochen. Zwar hilft ihr Mann nach der Arbeit, aber „zum Putzen ist er einfach nicht geboren", sagt er immer …

Sind die Geschichten mit „getauschten Geschlechtern" noch stimmig? Oder klingen sie an einigen Stellen doch irgendwie merkwürdig? Woran liegt das? Haben Mädchen und Jungen, Frauen und Männer tatsächlich die gleichen Rechte? Oder gibt es doch noch Unterschiede?

Die Mädchen und Jungen können auch eigene Texte schreiben, in denen sie ihre Erfahrungen mit „Gleichberechtigung" mitteilen.

10 Mit der Sprache fängt es an

Unsere Sprache verrät uns viel über unsere Einstellung zu „Andersartigen". Um für Vorurteile und Diskriminierungen sensibel zu werden, sollten die Kinder sich kritisch mit ihrem eigenen Sprachgebrauch und dem ihrer Umgebung auseinandersetzen.

Sie schreiben für einen bestimmten Zeitraum Schimpfwörter auf, die in ihrem Alltag üblich sind, z.B. Kanake, Asi (Asozialer), Spasti, Zicke …

Was bedeuten die Schimpfwörter? Warum benutzen sie sie? Wie fühlen sich wohl die Kinder, die damit gemeint sind?

Die Kinder sammeln Witze über Randgruppen, z.B. Witze über Ausländer, über Frauen, über Behinderte … Welche Witze sind nicht lustig, sondern diskriminierend? Möchten sie, dass solche Witze über sie gemacht werden?
Im Rechtschreibduden (Ausgabe 1991) finden sich u.a. folgende Bezeichnungen:

Ami (Kurzform für Amerikaner); Franzmann (umgangssprachlich veraltet für Franzose); Itaker (umgangssprachlich abwertend für Italiener); Iwan (scherzhafte Bezeichnung für den Russen); Kümmeltürke (veraltetes Schimpfwort, abwertend für Türke, türkischer Gastarbeiter); Tschusch (österr. umgangssprachlich für Ausländer, Fremder, besonders Südslawe; Slowenien).

Wie empfinden die Kinder diese Personenbezeichnungen? Welche haben für sie einen abwertenden Beigeschmack? Warum? Die Kinder versuchen herauszufinden, worin die Abwertung jeweils besteht. Finden sie in Wörterbüchern noch weitere abwertende Personenbezeichnungen? Sollte, darf man solche Bezeichnungen benutzen?

11 Unbehindert zusammenleben

In jeder Gemeinde, in jedem Stadtteil leben auch behinderte Kinder. Aber wo und wie leben sie?
- Gehören zur Gruppe auch behinderte Kinder?
- Wenn nein, warum nicht? Ist die Gruppe offen für behinderte Kinder?

Jedes Gruppenmitglied beantwortet zunächst für sich die Frage:
- Kennst du persönlich behinderte Kinder?
- Machst du irgendetwas mit ihnen gemeinsam? Was?

Die Gruppenmitglieder sammeln Informationen und legen Statistiken an zum Thema
- „Behinderte Kinder in unserer Gemeinde". Sie klären z.B. Fragen wie:
- Wie viele behinderte Kinder leben unter uns?
- Wie viele behinderte Kinder besuchen den örtlichen Kindergarten?
- Wie viele gehen in die örtliche Grundschule? Wie viele in die weiterführende Schule?
- Wie viele sind in unserem Sportverein?
- Wie viele sind in unserer Musikschule?
- Nehmen die Institutionen und Vereine behinderte Kinder überhaupt auf? Wenn nein, warum nicht?

Im Auswertungsgespräch sollten Fragen diskutiert werden wie:
- Sind behinderte Kinder bei uns „gleichberechtigt"?
- Was können wir selbst tun, um behinderte Kinder zu integrieren?
  (Persönliche Kontakte knüpfen, sie in unsere Gruppe einladen, Spiel- und Arbeitsangebote so gestalten, dass sie gleichberechtigt mitmachen können u.Ä.)
- Was können wir darüber hinaus noch tun?
  (Die Ergebnisse der Erhebung auf einer Pressekonferenz vorstellen, eine Aktion zum „gemeinsamen" Leben in der Gemeinde starten oder sich einer bereits bestehenden Aktion anschließen, Politikerinnen und Politiker informieren u.Ä.)

12 Wir sind alle Ausländerinnen und Ausländer

Alle Kinder – gleich ob deutsche oder ausländische – verkleiden und schminken sich so, dass wirklich keines mehr zu erkennen ist, und lassen dann ein Gruppenfoto von sich machen. Dieses Foto zeigen sie anderen Kindern, Jugendlichen oder Erwachsenen und lassen sie raten:
- Wie viele ausländische Kinder sind in dieser Gruppe? Welche sind es?
Oder:
- In dieser Gruppe sind drei (oder eine beliebige andere Zahl, die nicht mit der tatsächlichen Zahl der ausländischen Kinder übereinstimmen muss) ausländische Kinder. Welche sind es?

Wurden Kinder als „ausländisch" erkannt? Welche? Warum ausgerechnet sie? Wenn in der Gruppe ausländische Kinder sind, wurden diese erkannt?

13 Fremde Erfahrungen

Einige Kinder verkleiden sich als „Ausländerinnen" oder „Ausländer", so dass die Verkleidung nicht zu erkennen ist. Dunkelhaarige Mädchen mit dunklerem Teint und braunen Augen verkleiden sich z.B. mit Kopftuch und langen Kleidern als „Türkin", dunkelhaarige und dunkeläugige Jungen als „Marokkaner". Sie sprechen gebrochen deutsch, verstehen nicht alles, kennen sich nicht aus ... Mit dieser Verkleidung und diesem Verhalten bringen sie sich in bestimmte Situationen:

- Sie wollen etwas Bestimmtes einkaufen und finden es nicht gleich.
- Sie fragen nach einer Adresse.
- Sie fahren Bus und wissen nicht, wie sie dort bezahlen müssen. usw.

Welche Erfahrungen machen sie? Welche Erfahrungen machen „eindeutig" deutsche Kinder in den gleichen Situationen? Werden sie gleich behandelt? Sind manche Erwachsene vielleicht einfach „kinderfeindlich"? Oder machen sie tatsächlich Unterschiede zwischen „deutschen" und „ausländischen" Kindern? Wie gehen die Kinder selbst in ähnlichen Situationen mit ausländischen Kindern oder Erwachsenen um? Sind sie freundlich? Helfen sie ihnen? Oder machen sie sich auch schon mal lustig über sie? Was könnten sie gegebenenfalls in Zukunft besser machen?

Mode

Es muss ja nicht immer eine „Marke" sein

Von Diana Bischoff und Dajan Stakic

Der „Markenfimmel" steht bei Jugendlichen nach wie vor hoch im Kurs. Markenklamotten zu tragen, sei „cool", denkt die Mehrheit der jungen Menschen.

Weil diese Marken aber sehr teuer sind, können einige Jungen und Mädchen sich das nicht leisten. Und sie glauben, wenn sie keine Marken tragen, werden sie von anderen Jugendlichen nicht anerkannt oder akzeptiert.

Eine Sommerausstattung für Jungen kostet im Einzelfall bis zu 1000 Mark, die Winterausstattung sogar rund 500 Mark mehr. Dabei sind nur Markenartikel berücksichtigt worden, wie beispielsweise Nike, Adidas, Fila, Fubu und so weiter.

Eine Sommerausstattung (Wäsche und Socken, T-Shirt, Hose, Kleid und Jacke) für Mädchen kostet 500 Mark, wenn auf Marken verzichtet wird.

Wenn es aber unbedingt eine „Marke" sein muss, beispielsweise Freeman, T-Porter, Homeboy, Miss Sixty, Buffalo und andere mehr, kann die Sommerausstattung sogar das Doppelte oder Dreifache kosten.

Eine komplette Winterausstattung für die Mädchen kostet ungefähr 1500 bis 2000 Mark.

Die Qualität ist meistens schlecht. Nach ein paarmal Waschen sind die Klamotten ausgebleicht oder kriegen Fusseln, doch die Marke bleibt dran. Markenklamotten zu tragen ist also ein teures Vergnügen.

14 Gleiche Rechte für ausländische Kinder?

Alle Kinder gleich zu behandeln, unabhängig davon aus welchem Land sie kommen, welche Nationalität und welchen Pass sie haben, ist eine Forderung der Kinderrechte. Aber haben ausländische Kinder in Deutschland tatsächlich auch die gleichen Rechte wie deutsche Kinder?

Und gibt es eventuell auch noch Unterschiede zwischen ausländischen Kindern entsprechend

- ihrem Herkunftsland (EU, außerhalb der EU, Aussiedler usw.)
- ihrem Aufenthaltsstatus bzw. dem ihrer Eltern (Arbeitsmigranten, Flüchtlinge, usw.)
- ihrem Alter?

Sind Kinder mit ausländischer Herkunft in der Gruppe, werden sie befragt.

Die Gruppe bemüht sich um Informationen über rechtliche Regelungen, z.B. bei der Gemeindeverwaltung, bei der Ausländerbehörde, beim Ausländerbeirat, bei Vertretungen einzelner Nationen o.Ä. Sie lesen die deutschen „Vorbehaltserklärungen" bei der Unterzeichnung der Kinderrechtskonvention und lernen sie zu verstehen.

Die Gruppe sucht Antworten auf konkrete Fragen, die einzelne Gruppenmitglieder oder die ganze Gruppe unmittelbar betreffen, z.B.:

- Darf X solange in Deutschland bleiben, so lange sie will?
- Darf sie hier eine Ausbildung machen?
- Die Gruppe plant eine Fahrt ins Ausland, bei dem für deutsche Kinder der Personalausweis genügt. Können die ausländischen Kinder einfach so mit ihrem Personalausweis mitfahren? Wer darf, wer nicht?

Was kann die Gruppe bei eventuellen Ungereimtheiten oder Missständen tun? Sie sammelt Ideen und realisiert einige davon, z.B.

- einen bekannten Journalisten anrufen
- einen Informationsstand in der Fußgängerzone machen
- einen Brief an Politikerinnen und Politiker schreiben.

📖 Kinderbücher

- Boie, Kirsten: Lisas Geschichte, Jasims Geschichte, dtv pocket München, ab 12 Jahre
  Zwei Geschichten zur gleichen Zeit am selben Ort: Lisa, wohlbehütet, leidet in der neuen Schule; Jasim, Flüchtling, erlebt im Asylbewerberheim, dass es für ihn keine Zukunft gibt.

- Grün, Max von der: Vorstadtkrokodile, rororo rotfuchs Reinbek, ab 9 Jahre
  Eines Tages will der querschnittsgelähmte Kurt in die Krokodilbande aufgenommen werden. Diese hat in einem verlassenen Ziegeleigelände ihr Geheimquartier. Gleichzeitig versteckt dort eine jugendliche Diebesbande ihre Ware. Gefährliche Ereignisse bahnen sich an.

- Jelloun, Tahar Ben: Papa, was ist ein Fremder?, rororo rotfuchs Reinbek, ab 8 Jahre
  Tahar Ben Jelloun spricht mit seiner zehnjährigen Tochter über Rassismus und Fremdenfeindlichkeit. Ein kindgerechtes Plädoyer gegen den Hass und für die Achtung vor dem anderen.

- Kötter, Ingrid: Die Kopftuchklasse, Arena Würzburg, ab 9 Jahren
  Susannes Freundin Hatice trägt nach den Ferien plötzlich Kopftuch und einen langen Rock. Zuerst ist Susanne wütend, aber dann merkt sie, dass die Kleidung für Hatice wichtig ist. Das Buch erzählt von Toleranz und Solidarität.

- Korschunow, Irina: Es muss auch kleine Riesen geben, dtv junior Lesebär München, ab 6 Jahre
  Anders zu sein als alle anderen ist für Kinder eine schlimme Situation. Der kleine Riese kennt das nur zu gut und kriecht unter die schwarze Hecke ins Menschenland. Dort trifft er Marie. Durch die Freundschaft mit ihr wird das Leben schöner und leichter.

- Levithin, Sonia: Der Tag, an dem sie sich die Freiheit nahm, Fischer Schatzinsel, Frankfurt/M., ab 12 Jahre
  Das Thema Frauenrechte hat Claudia im Unterricht gefesselt. Als sie bei einem Sportwettkampf provokativ ihr T-Shirt auszieht – wie ein Junge – gerät sie in eine üble Kampagne.

2 Kinder haben das Recht, gesund zu leben, Geborgenheit zu finden und keine Not zu leiden

Geborgenheit für Kinder kann leider nicht per Gesetz verordnet werden. Aber jede Gesellschaft hat die Verantwortung, beispielsweise durch gesundheitliche Vorsorge, materielle Sicherheit, Betreuung und Schutz günstige Voraussetzungen dafür zu schaffen. Und hier gibt es auch in Deutschland weite Bereiche, die durch strukturelle Rücksichtslosigkeit gegenüber dem Leben mit Kindern gekennzeichnet sind.

Die wichtigste Institution, die zwischen Kind und sozialer und ökonomischer Realität vermittelt, ist die Familie. Jedes Kind wird in eine bestimmte Familiensituation hineingeboren. Von ihr hängt in hohem Maße ab, ob sein Recht auf Geborgenheit, Gesundheit und Wohlbefinden eingelöst wird.

Viele Familien haben aber nicht genug Geld und Zeit für ihre Kinder. Kinder zu haben wird immer noch als Privatsache angesehen. Berufstätigkeit und Familienarbeit lassen sich schlecht miteinander vereinbaren. Familienergänzende Maßnahmen sind nicht in ausreichendem Maße und ausreichender Qualität vorhanden. Als Folge davon leiden viele Kinder bereits früh unter großen Belastungen. Überhöhte Anforderungen und Erwartungen, Fehl- und Mangelernährung, Stress, Bewegungsmangel und mediale Reizüberflutung – Fernsehapparat und Computer als Kindermädchen – führen zu gesundheitlichen Beeinträchtigungen und Verhaltensauffälligkeiten wie Übergewicht, Allergien, Hyperaktivität, Koordinationsstörungen u.a.m., die als moderne Zivilisationskrankheiten die klassischen Kinderkrankheiten in ihrer Bedeutung längst abgelöst haben.

Auch wenn sich die finanzielle Förderung der Familie in den letzten Jahren verbessert hat, bedeuten Kinder ein „Armutsrisiko". Unterschiedliche Familienformen werden nicht in gleicher Weise unterstützt. Als „Normalfamilie" wird immer noch die „Vater-als-Ernährer-Mutter-als-Hausfrau-Kind-Familie" betrachtet, obgleich die Realität häufig anders aussieht – und die Kinder ganz sicher nicht für die jeweilige Familienform verantwortlich zu machen sind.

Die Unterschiede zwischen den Erfahrungen, die Kinder in ihren Familien machen, sind groß. Und nicht alle machen gute Erfahrungen. Nicht nur Kinder, auch Eltern sind nicht selten überfordert. Zahlreiche Kinder flüchten jedes Jahr aus ihren Elternhäusern. „Straßenkinder" gibt es auch in Deutschland. Nach Schätzungen des Deutschen Jugendinstituts in München leben ca. 7000 Kinder auf der Straße. Viele dieser „Straßenkarrieren" beginnen als Folge einer fortgesetzten Demütigung durch die Eltern, Schläge, Misshandlungen oder Leistungsdruck. Was als Befreiung aus unerträglichen Elternhäusern oder vielleicht auch nur von bürgerlichen Zwängen anfängt, endet oft mit Drogenkonsum, Kriminalität und Prostitution.

„Kinder sind unsere Zukunft", dieser Satz gehört zum Standardinhalt von Sonntagsreden jeglicher Couleur. Geht es tatsächlich um die Zukunft, spielen die Kinder dann im Allgemeinen nur noch eine untergeordnete oder gar keine Rolle. Aktuelle Beispiele sind Gerichtsentscheide und politische Diskussionen um Pflegeversicherung und Rentenreform. Ein eindringliches Beispiel seit langer Zeit ist der „Umweltschutz". Die zahlreichen Umweltbelastungen behindern Kinder in ihrem Wachstums- und Entwicklungsprozess. Kinder leiden in besonderem Maße unter krankmachenden Umwelteinflüssen wie Immissionen durch Autoverkehr, Lärm, „Chemisierung" der Umwelt, unnötigen bis schädlichen Grundsubstanzen und Duft-, Farb- und Konservierungsstoffen in Nahrung, Körperpflegemitteln, Kleidung, Baustoffen, Heimtextilien.

Die Verpflichtungen des Staates gegenüber seinen Kindern sind im Kinder- und Jugendhilfegesetz (1991) festgelegt. „Jeder junge Mensch hat ein Recht auf Förderung seiner Entwicklung und auf Erziehung zu einer eigenverantwortlichen und gemeinschaftsfähigen Persönlichkeit." Dies ist der erste Satz und gleichzeitig Programm des Kinder- und Jugendhilferechts und gilt besonders für Kinder in Not bzw. um Not abzuwenden. Kinder haben auch das Recht, „sich in allen Fragen der Erziehung und Entwicklung von selbst an das Jugendamt zu wenden" und Beratung und Unterstützung nachzufragen. Aber auch hier sind nicht alle Kinder gleich: Für Kinder mit nicht-deutschem Pass gibt es Einschränkungen, z.B. beim Anspruch auf gesundheitliche Vorsorge- und Behandlungsmaßnahmen.

Weitere Denkanstöße

- Bilger, Jürgen / Petersen, Erik (Hg.): Kinder – Gesundheit – Umwelt – Krankheit, Mabuse Frankfurt / M. 2000
- Bundesverband der Arbeiterwohlfahrt (Hg.): Gute Kindheit – Schlechte Kindheit. Institut für Sozialarbeit und Sozialpädagogik e.V., Frankfurt / M. 2000
- Maywald, Jörg / Schön, Bernhard / Gottwald, Bernd (Hg.): Familien haben Zukunft. In Kooperation mit der Deutschen Liga für das Kind, rororo Reinbek 2000

1 Sich wohlfühlen

Wann fühlen wir uns wohl? Es gibt sicher Aussagen, denen alle Gruppenmitglieder zustimmen können. Sich wohlfühlen hat aber auch ganz persönliche Anteile. Mit Hilfe einer „Collage" können solche Aspekte herausgearbeitet werden. Für diese Collage werden benötigt: Packpapier- oder Tapetenrollen, Schreibpapier, Stifte, Schere, Klebstoff, Zeitschriften, Prospekte, Kataloge u.Ä.

Jedes Kind lässt von einem anderen seinen Körperumriss auf Packpapier oder die Tapetenrolle zeichnen. Dann schneidet es seinen Körperumriss aus und erstellt damit seine „Collage zum Wohlfühlen". Hierzu werden ausgeschnittene Bilder oder selbst angefertigte Zeichnungen so zurechtgeschnitten, dass sie in die Körperumrisse passen, und dann aufgeklebt.

Beispiel:
- Die Füße brauchen zum Wohlfühlen vielleicht weichen Sandstrand,
- die Schultern die liebevolle Umarmung durch eine Hand,
- der Magen ein gutes Essen u.Ä.

Die Collagen werden ausgestellt. Im Auswertungsgespräch können die Kinder ihre Bildauswahl begründen. Es können Fragen diskutiert werden wie: Sind allen gemeinsame „Wohlfühl-Aspekte" zu erkennen? Haben alle Kinder, was sie brauchen, um sich wohl zu fühlen? Was könnte, was müsste geschehen, damit alle Kinder sich wohlfühlen können?

2 Geborgenheit gesucht

Mit dieser Übung können die Kinder sich gegenseitig mitteilen, was sie unter „Geborgenheit" verstehen und reflektieren, ob alle diese Geborgenheit haben.
Einzeln oder zu zweit formulieren dic Kinder eine Anzeige: „Geborgenheit gesucht" und beschreiben genau, was sie erwarten.
Die verschiedenen Anzeigen werden verglichen.

Gibt es etwas, was für alle wichtig ist? Was ist es?
Haben alle Kinder diese Geborgenheit?
Was müsste getan werden, damit alle Kinder Geborgenheit finden?

3 Was ein Kind braucht

Die Kinder lesen oder hören das Gedicht „Wen du brauchst" von Regina Schwarz:

Wen du brauchst
Einen zum Küssen und Augenzubinden,
einen zum lustige-Streiche-erfinden.
Einen zum Regenbogen-suchen-gehn
und einen zum fest-auf-dem-Boden-stehn.
Einen zum Brüllen, zum Leisesein einen,
einen zum Lachen und einen zum Weinen.
Auf jeden Fall einen, der dich mag,
heute und morgen und jeden Tag.
Regina Schwarz

In Analogie schreibt nun jedes Kind selbst ein Gedicht: „Was ein Kind braucht".
Die Zeilen können beginnen mit „einen", „eine" oder auch „etwas".

Beispiel:
Etwas zum Schlafen und etwas zum Wohnen,
eine zum Trösten und zum Belohnen,
etwas zum Helfen und etwas zum Streiten,
einen, der treu ist für alle Zeiten.

Die Gedichte werden vorgelesen und verglichen.
Was braucht ein Kind alles?
Bekommen alle Kinder, was sie brauchen?

4 Brauchen Kinder alles?

In Anzeigen und Werbesendungen wird oft gezeigt, was ein Kind angeblich alles braucht, um gesund und stark zu werden. Die Kinder sammeln solche Anzeigen oder auch leere Packungen. Sie berichten über Werbespots. Diese können auch auf Video aufgenommen und gemeinsam betrachtet werden.

Anzeigen und Packungen werden mitgebracht. Für die Produkte, die den Kindern nur aus dem Fernsehen bekannt sind, werden der Produktname und die wichtigsten Werbeaussagen auf eine Karte geschrieben. Jedes Gruppenmitglied versieht nun jedes Produkt, das ein Kind seiner Meinung nach tatsächlich zu seiner Entwicklung braucht, mit einem roten Klebepunkt.

Wo sind die meisten roten Punkte? Die Kinder diskutieren und begründen ihre Entscheidungen. Ist ihre Meinung „objektiv" richtig? Sind z.B. „Kindernahrungsmittel" wirklich gesund? „Braucht" ein Kind Kleidung einer bestimmten Marke? „Braucht" es ein bestimmtes Spielzeug?

Was braucht ein Kind wirklich? Hat jedes Kind, was es braucht? Was könnte getan werden, damit jedes Kind bekommt, was es braucht?

Die Kinder können z.B. die Presse über ihre Aktion informieren. Sie können den Herstellerfirmen schreiben. Sie können ihnen Vorschläge machen, wie sie Kindern, die nicht haben, was sie brauchen, helfen können.

5 Ein guter Tag

Was braucht ein Kind im Laufe eines Tages, damit es sich wohlfühlt? Die Kinder vergegenwärtigen sich ihren eigenen Tagesablauf. Jedes schreibt für sich auf, was es an einem gewöhnlichen Schultag braucht, damit es ein „guter Tag" wird. Beispiel:

- Freundlich geweckt werden
- Warmes Wasser zum Duschen
- Die Lieblingsjeans
- Frische Brötchen und Erdbeermarmelade zum Frühstück
- Einen Abschiedskuss von Mutter und/oder Vater
- Mit dem Auto zur Schule gefahren werden
- Eine gute Note in einer Klassenarbeit
- Eine Verabredung mit der Freundin
- Gesellschaft beim Mittagessen
- Ein Pflaster aufs aufgeschlagene Knie
- usw.

Die Kinder denken über ihre eigenen „Tagesabläufe" nach. Hätten sie vermutet, wie viele „Kleinigkeiten" so im Laufe eines Tages zusammenkommen? Sie vergleichen ihre „Wohlfühl-Kataloge". Gibt es Gemeinsamkeiten? Gibt es Unterschiede? Was ist zwar für ein einzelnes Kind angenehm, für Andere oder für die Allgemeinheit aber von Nachteil (z.B. mit dem Auto zur Schule gefahren zu werden)?

Was braucht jedes Kind, damit es „gute Tage" hat? Was sind Grundbedürfnisse? Werden die für jedes Kind befriedigt? Was müsste verändert werden?

6 Wenn ich meine Eltern wäre

Für diese Übung müssen zunächst „Ereigniskarten" hergestellt werden. Dazu werden die unten aufgeführten Statements auf festes Papier kopiert und so ausgeschnitten, dass gleich große „Kärtchen" entstehen. Die Ereigniskarten sollten dabei je nach aktuellen Anlässen aussortiert bzw. ergänzt werden. Außerdem braucht die Gruppe einen Würfel.

Die Ereigniskarten werden gemischt und in einem Stapel mit dem Text nach unten auf den Tisch gelegt. Reihum wird gewürfelt. Wer eine 6 würfelt, deckt eine Ereigniskarte auf und formuliert eine Lösung, bei der Eltern sich unterstützend und fürsorglich verhalten. Die Gruppe entscheidet, ob die Lösung hilfreich war.

Ereigniskarten:

Du hast deine Hausaufgaben nicht gemacht.	Du hast mit einem Ball eine Fensterscheibe eingeschmissen.
Du bist mit einem Kind befreundet, das geklaut hat.	Du bist zu spät nach Hause gekommen.
Die anderen spotten, weil du keine Markenjeans trägst.	Du findest, dass du zu dick bist.
Du hast im Kaufhaus eine CD geklaut.	Ein anderes Kind hat dich verprügelt.
Du hast eine schlechte Arbeit geschrieben.	Dir ist morgens vor der Schule immer schlecht.

Lösungsbeispiele:

Du hast deine Hausaufgaben nicht gemacht.
Die Eltern fragen dich nach dem Grund. Ihr trefft eine Verabredung, wie es in Zukunft besser gehen könnte, z.B. gemeinsam einen „Terminplan" fürs Aufgabenmachen aufstellen, Mutter, Vater, Oma oder ein anderes Familienmitglied reservieren eine Viertelstunde am Tag nur für dich zum Nachfragen oder Erklären u.Ä.

Dir ist morgens vor der Schule immer schlecht.
Die Eltern glauben dir, dass dir schlecht ist. Sie helfen dir, die Ursache herauszufinden und abzustellen. Begegnet dir auf dem Weg zur Schule immer ein gefährlicher Hund? Ist der Lehrer ungerecht? Mobben dich andere Kinder?

7 Familien sind verschieden

Kinder haben das Recht, mit Mutter und Vater zusammenzuleben. Aber Familien sind verschieden. Außer der Vater-Mutter-Kind-Familie gibt es noch viele andere Familienformen, die den Kindern genau so viel Geborgenheit geben können.

Die Kinder erzählen von Familien, die sie kennen. Wer gehört dazu?
z.B. Mutter und Kind(er); Vater und Kind(er); Mutter und Stiefvater und Kind(er); Großeltern, Eltern und Kinder; Eltern, leibliche Kinder und Pflegekinder; Eltern und Adoptivkinder; Familiengruppen im Kinderheim usw.

Die Kinder sammeln oder zeichnen Bilder von Familien. Wer mag, beschreibt die eigene Familie, malt sie oder bringt ein Foto mit. Welche Vorteile haben welche Familienformen für die Kinder? Was kann schwierig werden?

Manchmal leben Kinder nicht bei ihren leiblichen Eltern. Eltern, die ihre Kinder anderen Menschen anvertrauen und keinen Kontakt mehr zu ihnen haben, tun das oft gerade, weil sie ihre Kinder lieben und ihnen Geborgenheit geben möchten. Aber es

53

ist auch möglich, dass Kinder, die nicht mit ihren leiblichen Eltern bzw. nur mit einem Elternteil zusammenleben, dennoch mit ihnen in Verbindung bleiben. Wie kann das gehen? Welche Erfahrungen haben die Kinder?

Achtung: Mit solchen Fragen muss sehr sensibel umgegangen werden. Kein Kind darf verletzt werden. Kein Kind darf aufgefordert werden, über die eigene Situation zu sprechen, wenn es nicht mag.

Zu diesem Thema gibt es eine reichhaltige Auswahl an Kinderliteratur für alle Altersstufen und nahezu jede Familiensituation, die gut in Kindergruppen eingesetzt werden kann (→ S. 61). Der Alltag wird (weitgehend) realistisch dargestellt und es werden viele unterschiedliche Lösungsmöglichkeiten für das „Recht auf Familie" entwickelt.

8 Was ein Kind kostet

Alle Kinder haben ein Recht auf ein gutes Leben – leichter gesagt, als getan. Denn „ein gutes Leben" kostet Geld. Wie teuer sind allein Essen und Trinken für einen Tag? Haben die Kinder wenigstens eine ungefähre Vorstellung?

Jedes Kind schätzt zunächst, was ein Tag Verpflegung für es selbst kostet, und hinterlegt die Schätzsumme in einem Kästchen.

Die Kinder stellen nun fest, was sie im Laufe eines Tages so alles essen und trinken. Einen Tag lang führen sie z.B. genau Buch. Anschließend erkunden sie die Preise. Dafür fragen sie zu Hause nach und/oder gehen gemeinsam in einen Supermarkt, eine Bäckerei u.Ä. Eine genaue Preisfeststellung für die eigene Verpflegung erfordert viel Arbeit, jüngere Kinder sind damit sicherlich überfordert. Die Gruppenmitglieder können aber für die verschiedenen Mahlzeiten gemeinsam ungefähre Durchschnittspreise berechnen, z.B.

	Essen	Preis	Trinken	Preis
Frühstück:				
Mittagessen:				
Abendessen:				
Zwischendurch:				

Zum Schluss werden die ermittelten Kosten mit den Schätzungen verglichen. Stimmt beides wenigstens ungefähr überein? Wo haben die Kinder sich verschätzt? Sind sie von den tatsächlichen Kosten überrascht?
Wie viel kosten Essen und Trinken für ein Kind für einen ganzen Monat?
Haben alle Eltern genug Geld, um ihre Kinder gut ernähren zu können?
Was tun, wenn das Geld nicht reicht? (Weniger essen, billigere Lebensmittel kaufen …)

Je nach Erfahrung und Alter der Gruppenmitglieder können weitere Diskussionspunkte sein:

Wer hilft, wenn das Geld absolut nicht reicht? Das Sozialamt? Wer bekommt Sozialhilfe?

Wie viel Sozialhilfe steht einem Kind im Monat zu? Was muss von diesem Geld bezahlt werden? Wie wird der „Sozialhilfesatz" festgelegt?

9 Gesund leben

Gesund leben ist für Kinder leichter gesagt als getan. Denn dabei sind sie weitgehend von Erwachsenen abhängig. Erwachsene sind nicht immer gute Vorbilder. Und die Folgen einer ungesunden Lebensweise spüren Kinder oft nicht sofort, sondern erst viele Jahre später.

Um der eigenen Lebensweise auf die Spur zu kommen, kann die Gruppe zunächst einen „Gesundheits-Test" entwickeln. Der könnte z.B. wie nebenstehend aussehen.

> Nur 21 Prozent der **Kinder aus unteren Einkommensschichten** fühlen sich gesund. Von den Kindern wohlhabender Eltern indessen sind 47 Prozent „gut drauf". Das hat eine Umfrage der Universität Bielefeld ergeben. Befragt worden sind 3300 Jugendliche in Nordrhein-Westfalen. Dabei ist aufgefallen, daß Kinder aus einkommensschwachen Haushalten „besonders häufig unter psychosomatischen Störungen leiden", hieß es. (Thema Jugend)

Die Statements sollten je nach Alter und Situation der Kinder variiert bzw. ergänzt werden – natürlich von den Kindern selbst. Die Statements können so formuliert werden, dass sie auch auf Erwachsene zutreffen.

Jedes Kind füllt den Test für sich aus. Die Gruppe bittet die Eltern und andere Erwachsene, den Test ebenfalls auszufüllen. Das Ausfüllen des Tests sollte anonym erfolgen. Niemand muss sich „outen". Die Ergebnisse werden besprochen: Was ist gesund? Wo werden die meisten „Sünden" begangen? Warum ist das wohl so?

Gesundheits-Test

Entscheide dich bei jeder Aussage für eine der beiden Antworten A oder B:

1. A. Ich bleibe morgens bis zur letzten Minute im Bett.
   B. Ich frühstücke in aller Ruhe.

2. A. Nach jedem Essen putze ich mir die Zähne.
   B. Einmal Zähneputzen am Tag ist genug.

3. A. Ich lasse mich von Mutter oder Vater zur Schule fahren.
   B. Ich gehe bei jedem Wetter zu Fuß oder fahre mit dem Bus.

4. A. Für zwischendrin kaufe ich mir etwas Süßes am Kiosk.
   B. Ich nehme mir Brot und Obst mit.

5. A. Für Klassenarbeiten bereite ich mich gut vor.
   B. Bei Klassenarbeiten versuche ich mich so durchzumogeln.

6. A. Wenn ich Durst habe, trinke ich Mineralwasser oder Milch.
   B. Wenn ich Durst habe, trinke ich Cola oder Limo.

7. A. Ich treibe eigentlich jeden Tag Sport.
   B. Bewegung muss ich nicht an jedem Tag haben.

8. A. Wenn ich Kopfweh habe, nehme ich eine Tablette.
   B. Wenn ich Kopfweh habe, gehe ich an die frische Luft oder lege mich eine Weile hin.

9. A. Rauchen finde ich cool.
   B. Rauchen ist ungesund und stinkt.

10. A. Zu einer Feier gehört Alkohol unbedingt dazu.
    B. Feiern kann man auch ohne Alkohol.

Anschließend können die Ergebnisse z.B. in Rollenspielen weiter bearbeitet werden:

- Kinder diskutieren mit ihren Eltern darüber und überlegen, wie sie in der Familie „gesünder" leben könnten.
- Auf einer Konferenz oder Teamsitzung diskutieren Lehrerinnen und Lehrer oder Erzieherinnen und Erzieher das Ergebnis. Gemeinsam mit den Kindern überlegen sie, wie das Schulleben oder Kita-Leben gesünder gestaltet werden könnte.

10 Gesunde Umwelt

Für ein „gesundes" Leben ist eine gesunde Umwelt unerlässlich. Kinder müssen Umwelt als etwas Positives kennen lernen. Umweltkatastrophen und Umweltzerstörung sollen nicht kleingeredet werden. Aber durch ihr Aufzeigen dürfen Kinder nicht entmutigt werden, sondern sie brauchen Ermutigung, sich für eine gesunde Umwelt einzusetzen.

Die Gruppe sammelt Beispiele von Umweltzerstörung und -verschmutzung, wie

- Müll in die Natur kippen
- Tiere und Pflanzen durch Düngemittel und/oder Futter schädigen
- Tier- und Pflanzenarten ausrotten, usw.

Die Gruppe macht sich aber auch mit der Natur vertraut, erfährt Natur als Ort der Entspannung und Erholung, als „Kraftreservoir". Dabei können „Naturerkundungen" helfen. Einstiegsmöglichkeiten können z.B. sein

- eine Fantasiereise in den Wald, auf eine Wiese, ans Meer, ins Gebirge
- ein kleines Stück Wiese abgrenzen und mit der Lupe genau betrachten. Wie viele unterschiedliche Lebewesen (Pflanzen und Kleintiere) gibt es hier?
- Kräuter sammeln und ihre Wirkungen kennen lernen, usw.

Die Gruppe überlegt, was sie selbst tun kann, um die Umwelt zu schützen und auf die Bedeutung einer gesunden Umwelt aufmerksam zu machen. Beispiele:

- Ein Waldstück säubern
- Die Patenschaft für einen Baum übernehmen
- Briefe an „Umweltzerstörer" schreiben
- Diese Arbeit „öffentlich" machen, d.h. die Presse informieren u.a.

11 Eine Reise in die Zukunft

Die Gruppe macht gemeinsam eine Reise in die Zukunft. Nachdem Ruhe eingetreten ist und alle es sich bequem gemacht haben, könnte die Anleitung dazu etwa wie folgt lauten: „Du stehst jetzt in deiner Fantasie auf, gehst aus dem Zimmer hinaus. Du verlässt das Haus. Du gehst einfach geradeaus … In der Ferne siehst du ein Tor … Und plötzlich weißt du, dass hinter dem Tor eine andere Zeit auf dich wartet… Hinter dem Tor ist die Zukunft … 30 Jahre sind dort schon vergangen … Du gehst durch das Tor hindurch… Du schaust dich um … Was siehst du?… Bist du in einer Stadt oder auf dem Land? …Triffst du Menschen oder bist du alleine? … Kannst du etwas riechen? … Kannst du etwas hören? … Was fühlst du? … Lass dir Zeit … Nimm alles in dich auf … Lass alles auf dich wirken … Nun denke allmählich wieder ans Zurückgehen … Geh zum Tor zurück … Schau dich noch einmal um … Dann dreh dich um … Gehe durch das Tor und schließe es fest … Du gehst den Weg zurück, den du gekommen bist … Du bist wieder zurück … hier im Raum … Du bist wieder in der Gegenwart."

Die Kinder beschreiben nun, was sie im Land der Zukunft gesehen und erlebt haben. Sie erzählen darüber oder schreiben ihre Erlebnisse auf. Sie malen ein Bild.

Im Auswertungsgespräch können Fragen erörtert werden wie
- Wie stellen Kinder sich die Zukunft vor? Ist ihr Bild optimistisch oder pessimistisch? Ist die Zukunft lebenswert? Welche Hoffnungen, welche Wünsche haben sie? Welche Ängste werden sichtbar?
- Spielen Natur und Umwelt in den Erlebnissen eine Rolle? Wie werden sie beschrieben?
- Spielen Industrie und Technik eine Rolle? Welche?
- Haben die Menschen sich verändert? Wie?
- Sehen die Kinder in ihrer Zukunft Zerstörungen durch Gewalt und Krieg?

Was müsste heute geschehen, damit die Zukunft lebenswert wird? Was können die Kinder selbst dazu tun? Was müssten Erwachsene tun? Die Kinder lernen Organisationen und Aktivitäten, z.B. die Agenda 21-Bewegung kennen, die sich um eine lebenswerte Zukunft bemühen.

📖 Kinderbücher

- Arold, Marliese: Angel, Fischer Schatzinsel, ab 12 Jahre
Svenja flieht vor der alkoholabhängigen Mutter zum Vater, der sie nicht haben will und landet schließlich auf der Straße. Um zu überleben, schließt sie sich einer bettelnden Gruppe an. Der Vater entdeckt seine Tochter beim Betteln und nimmt sie schließlich bei sich auf. Das Buch macht die Probleme der Straßenkinder deutlich.
- Farré, Marie: Mein Umzug in den Kaninchenstall und andere Zwischenfälle, aare, Aarau, Frankfurt/M., Salzburg, ab 10 Jahre
Anna muss mit Mutter und Schwester den Vater verlassen und zu einem neuen Mann ziehen. Und der hat auch noch einen Sohn. Anna braucht lange, die Situation zu verstehen und sich an das neue Leben zu gewöhnen.
- Fine, Anne: Familienspiel, Diogenes Zürich, ab 13 Jahre
Der eigenen Familie kann man nicht entkommen. Das Buch beschreibt an fünf verschiedenen Familien Umstände und Gefühle, denen Kinder einer heutigen Patchwork-Familie ausgesetzt sein können.
- Meyer, Kerstin: Jonas lässt sich scheiden, Oetinger Hamburg, ab 6 Jahre
Erwachsene lassen sich auch scheiden, wenn es ihnen zu Hause nicht mehr gefällt. Jonas möchte gerne mit seinem Freund Pablo tauschen. Der hat es mit seiner Familie viel besser. Das Buch thematisiert unterschiedliche Familienformen und das Recht der Kinder auf beide Elternteile.
- Pressler, Mirjam: Nickel Vogelpfeifer, Beltz & Gelberg, ab 8 Jahre
Nickel wünscht sich ein Fahrrad, die Eltern haben aber nicht genug Geld. Also stiehlt er kurz entschlossen eins …
- Wendelken, B./Leopé: Eine Frühstücksfee für Julia, Metz, ab 6 Jahre
Julias Mutter arbeitet auf dem Wochenmarkt. Weil Julia keinen Vater hat, muss sie morgens ganz alleine frühstücken. Aber oft ist das Brot hart, das Obst fleckig und auf dem Kakao schwimmt eine Haut. Da lässt sie das Frühstück lieber ausfallen. Doch wenn man nichts gegessen hat, klappt es in der Schule nicht so recht und die Buchstaben purzeln ständig von der Linie herunter. Julia lässt sich aber nicht unterkriegen und eines Tages passiert tatsächlich etwas Unerwartetes.

3 Kinder haben das Recht zu lernen und eine Ausbildung zu machen, die ihren Bedürfnissen und Fähigkeiten entspricht

In Deutschland haben Kinder nicht nur das Recht, sondern auch die Pflicht zur Schule zu gehen. Alle Kinder haben das Recht auf Unterrichtung und Förderung. Der Zugang zu allen Schulformen und Bildungsstätten ist prinzipiell für alle Kinder und Jugendlichen offen, abhängig nur von ihren Fähigkeiten und Interessen.

Die Praxis sieht allerdings anders aus. Unser Schulsystem ist – wie aktuelle Untersuchungen belegen – immer noch selektiv und reproduziert die sozialen Unterschiede. Schon bei den „Empfehlungen" für den Übergang in eine weiterführende Schule nach der Grundschule werden bei gleichen Schulleistungen Kinder aus unteren Bildungsschichten und mit ausländischer Herkunft benachteiligt, wie Untersuchungen aus verschiedenen Bundesländern belegen. Sie erhalten weniger häufig die Möglichkeit, eine weiterführende Schule zu besuchen. Und selbst wenn ihnen der Übergang gelingt, haben sie es besonders auf Gymnasien schwerer als ihre Mitschülerinnen und Mitschüler. Bei den höheren Bildungsabschlüssen sind Kinder aus bildungsferneren Milieus unterrepräsentiert.

Benachteiligt sind nach wie vor ausländische Jugendliche. Häufiger als deutsche besuchen sie die Hauptschule, auf dem Gymnasium sind sie unterrepräsentiert. Rund 20% verlassen nach Angaben des Statistischen Bundesamtes die Schule ohne jeden Abschluss.

Bei schwierigen Situationen zeigt sich schnell die Machtlosigkeit, in der sich Kinder in der Schule befinden. Über die systemimmanenten Benachteiligungen hinaus missbrauchen immer wieder Lehrkräfte ihre Überlegenheit gegenüber Schülern und Schülerinnen. Bei Lern-, Leistungs- und Verhaltensschwierigkeiten übernimmt Schule nur in begrenztem Umfang Verantwortung und gibt Unterstützung. Im Allgemeinen wird die Lösung von den Eltern erwartet. Ob und wie sie dazu beitragen können, ist wiederum von der sozialen Situation der Familie abhängig. Die Schulpflicht garantiert nicht einmal für alle Kinder den Erwerb der Kulturtechniken. So lernen beispielsweise etwa 5% nicht lesen, 14% erreichen nur die unterste Stufe der Lesefähigkeit, d.h. sie sind funktionale Analphabeten.

Schulabschlüsse garantieren heute nicht mehr den Zugang zu höheren Positionen. Sie erhöhen aber die Wahrscheinlichkeit, einen Ausbildungs- oder Studienplatz zu finden. Jugendliche mit höheren Abschlüssen sind außerdem weniger von Arbeitslosigkeit bedroht. Überproportional von Arbeitslosigkeit betroffen sind Ungelernte. Jugendliche haben es immer schwerer, ins Berufs- und Erwerbsleben hineinzukommen. Das Ungleichgewicht zwischen Arbeitsangebot und Arbeitsnachfrage bewirkt bereits beim Eintritt ins Berufsleben für nicht wenige Jugendliche verbaute Lebensperspektiven.

📖 Weitere Denkanstöße geben

- Klemm, Klaus: Die Kellerkinder der Globalisierung: Jugend ohne Beruf, in: Pädagogik 2/2001
- Rolff, Hans-Günter: Sozialisation und Auslese durch die Schule, Juventa, Weinheim, Neuausgabe 1997
- Singer, Kurt: Wenn Schule krank macht. Wie macht sie gesund und lernbereit?, Beltz, Weinheim und Basel 2000

1   Was wäre, wenn …

Natürlich wissen Kinder, dass gute Schulleistungen für ihre spätere Berufsausbildung und für beruflichen Erfolg wichtig sind. Dennoch empfinden sie Lernen und Zur-Schule-Gehen oft als lästig. Aber was wäre, wenn sie diese Möglichkeiten nicht hätten? Die Kinder überlegen zunächst für sich oder in einer kleinen Gruppe, was es hier und jetzt für sie bedeuten würde, wenn sie nicht lesen, schreiben und rechnen könnten.

Was wäre, wenn ich
> … nicht lesen könnte?
> … nicht schreiben könnte?
> … nicht rechnen könnte?

Wer nicht lesen kann, kann z.B. auch nicht am Computer arbeiten
> … wird große Schwierigkeiten haben, den Führerschein zu machen

Wer nicht schreiben kann, kann auch keine Liebesbriefe schreiben
> … kann keine SMS verschicken

Wer nicht rechnen kann, weiß nie, ob das Taschengeld reicht
> … muss bei jedem Einkauf auf die Ehrlichkeit der Geschäftsleute
> vertrauen

Die Einzel- oder Gruppenergebnisse werden anschließend im Plenum zusammengetragen, auf einer Wandzeitung festgehalten und diskutiert. Mit Klebepunkten können
für die verschiedenen Fähigkeiten Prioritäten herausgearbeitet werden:
- Was würden die Kinder selbst am meisten vermissen?
- Was würde ihr Leben am meisten beeinträchtigen?

2 Schule früher – Schule heute

Für die meisten Kinder ist es heute ganz selbstverständlich, dass in der Schule auf
ihre Bedürfnisse Rücksicht genommen wird. Aber war das immer so? Um sich ein
Bild davon zu machen, wie Schule sein kann und wie sie sein sollte, kann ein Vergleich zwischen Schule heute und Schule früher hilfreich sein:

Die Kinder können Dokumente aus verschiedenen „Schulzeiten" vergleichen, z.B.
Bilder:

- Wie sah ein Klassenraum früher aus, wie sieht er heute aus?
- Wie sehen Lehrerin oder Lehrer aus? Was tun sie?
- Wie sehen die Kinder aus? Was tun sie?
- Gibt es Mädchen und Jungen in der Klasse?

Interessante Vergleiche bieten auch Schulordnungen früher und heute:
- Was war/ist erlaubt, was verboten?
- Welche Sprache sprechen die Schulordnungen? Wie sind sie formuliert?
- Hatten/haben die Schülerinnen und Schüler ein Mitspracherecht?

Die Kinder befragen ihre Großeltern oder andere ältere Leute nach ihren Schulerfahrungen und vergleichen sie mit den eigenen. Fragen können z.B. sein:
- Gingen Mädchen und Jungen gemeinsam zur Schule?
- Hatten Jungen und Mädchen die gleichen Unterrichtsfächer?
- Wie viele Kinder waren in einer Klasse?
- Welche Sitzordnung gab es?
- Welche Unterrichtsmethoden gab es?
- Welches Arbeitsmaterial hatten die Kinder?
- Wie musste eine „gute" Schülerin, ein „guter" Schüler sein?
- Was war in der Schule verboten? Welche Strafen gab es?
- Hatten alle Mädchen und Jungen die Möglichkeit, eine weiterführende Schule zu besuchen?
- Konnten Großmutter oder Großvater die Schule besuchen, die sie gerne wollten?
- Was war gut in der Schule? Was war schlimm? Was hätten Großmutter oder Großvater sich anders gewünscht?

Mit Hilfe des gesammelten Materials kann die Gruppe Fragen diskutieren wie: Wie hat sich Schule bis heute verändert? Können nun alle Kinder ihren Fähigkeiten und Bedürfnissen entsprechend lernen? Was ist noch nicht in Ordnung? Wie könnte es besser werden?

3 Gleiche Bildungschancen für alle?

Dass das Recht auf Bildung auch in Deutschland noch ein Thema sein könnte, können sich viele Kinder nicht vorstellen. Haben bei uns nicht alle die gleichen Bildungschancen und können werden, was sie wollen, wenn sie sich nur entsprechend anstrengen? Aber stimmt das wirklich? Folgende Thesen werden auf Kärtchen geschrieben:

Auch in Deutschland gibt es Menschen, die in der Schule nicht lesen und schreiben gelernt haben.	Eine gute Ausbildung garantiert, dass man später viel Geld verdient.
Jedes Kind kann die Schule besuchen, die seinen Bedürfnissen und Fähigkeiten entspricht.	Wer will, findet auch den passenden Ausbildungsplatz.
Gute Noten sagen noch nichts über die Fähigkeiten, die ein Kind hat.	Für Erfolg in Schule oder Ausbildung zählt nur die Leistung.
Mädchen und Jungen haben den gleichen Zugang zu allen Ausbildungsberufen.	Die Herkunftsfamilie spielt eine große Rolle für den Erfolg in Schule und Beruf.

Die Kinder diskutieren die Kärtchen in Kleingruppen und sortieren sie dann in „richtig" oder „falsch". Die Zuordnungen aus den Gruppen werden anschließend im Plenum besprochen. Wie werden die Entscheidungen begründet? Was haben die Kinder richtig erkannt? Was nicht? Wie kommt es, dass sie manche Behauptungen nicht richtig einschätzen konnten?

4 Chancengleichheit in der eigenen Schule

Wie sieht es mit den gleichen Chancen für alle in der eigenen Schule aus?
Die Kinder erforschen die eigene Schulwirklichkeit. Je nach Schulform und Schulstufe können sie Daten erheben und Statistiken erstellen wie z.B.

- Wie viele deutsche, wie viele ausländische Kinder besuchen die Schule?
- Wie viele nichtbehinderte, wie viele behinderte Kinder sind in unserer Schule?
- Wie viele Kinder aus der vierten Klasse sind im letzten Schuljahr auf Hauptschule/Realschule/Gymnasium gewechselt? Wie viele deutsche, wie viele ausländische Kinder wechselten in jede der Schulformen?

Die Kinder können Umfragen machen:

- Welche Schulform möchten ihre Mitschülerinnen und Mitschüler nach der Grundschule besuchen?
- Welche Ausbildung oder welches Studium möchten sie machen?
- Können sie nach ihren Bedürfnissen und Fähigkeiten entscheiden? Oder was müssen sie außerdem berücksichtigen?

Welche Schlüsse lassen die Statistiken und Umfragen zu? Ist das Recht auf Bildung für alle ohne Einschränkung gewährleistet? Wo gibt es Zweifel? Wie können eventuelle Einschränkungen erklärt werden?

Die eigenen Ergebnisse können mit anderen Daten vergleichen werden, z.B. mit der Schulstatistik, Bildungsstatistiken der Gemeinde, des statistischen Landesamtes usw.

5 Rechte-Killer

Auch mit folgendem Arbeitsauftrag können Kinder und Jugendliche sich dem Recht auf Bildung nähern:

„Schreibt fünf Vorschläge auf, wie das Kinderrecht auf Ausbildung entsprechend den individuellen Bedürfnissen und Fähigkeiten am Wirksamsten verhindert werden kann. Ihr habt dazu fünf Minuten Zeit."

Beispiele:
- Die Ausbildung muss von den Eltern der Kinder (teuer) bezahlt werden.
- Über die Zulassung zu einer Ausbildung entscheiden die persönlichen Vorlieben der Einstellenden.
- Jungen und junge Männer werden prinzipiell bevorzugt.
- Jeder Bewerbung um eine (Schul- oder Berufs-)Ausbildung muss eine Bescheinigung über eventuell vorhandene Behinderungen beigefügt werden.
- Gymnasien werden nur in Großstädten gebaut.

Die Vorschläge werden dann zunächst in einer Kleingruppe (3 bis 5 Personen) ausgetauscht. Die Gruppe einigt sich auf die sechs wichtigsten (oder originellsten) Ideen. Sie schreibt diese auf ein Plakat, das anschließend im Plenum präsentiert wird.

Im Plenum werden die unterschiedlichen Plakate besprochen. Was haben die Kinder bei dieser Übung über die Verwirklichung des Rechts auf Bildung und Ausbildung erfahren? Was ist ihnen bewusst geworden, über das sie vielleicht bisher nicht nachgedacht haben?

6 Schulpflicht: Pro und Kontra

Lernen kann man auch ohne Schule. Und manchmal verhindert Schule das Lernen tatsächlich eher als es zu fördern. Also wird immer wieder gefordert, zwar nicht die Schule, aber doch die Schulpflicht abzuschaffen:

69

● Welche Argumente sprechen für die Schulpflicht?
● Welche Argumente sprechen dagegen?

Die Gruppe kann dazu eine Pro-und-Kontra-Diskussion durchführen. Eine kleine Gruppe (3 bis 5 Personen) vertritt nach einer kurzen Vorbereitungszeit die Pro-Position, eine andere die Kontra-Position und trägt sie vor. Anschließend hat das Plenum Gelegenheit, die Argumente zu diskutieren und abzuwägen. Zum Schluss kann darüber abgestimmt werden, ob die Pro- oder die Kontra-Argumente mehr überzeugen konnten. Wer würde beim Abschaffen der Schulpflicht gewinnen, wer verlieren?

7 Was in der Zeitung steht

Die Gruppe wertet für einen begrenzten Zeitraum die Tagespresse aus:
In welchen Beiträgen wird deutlich, dass Bildung wichtig ist?
Wofür ist Bildung wichtig?
Haben alle Kinder und Jugendlichen die gleichen Chancen?
Wenn nein, welche sind benachteiligt? Welche haben bessere Möglichkeiten?
Was wird getan, damit das Recht auf Bildung für alle Kinder und Jugendlichen Gültigkeit bekommt?

Die Gruppe stellt eine Dokumentation zusammen und diskutiert darüber, ob die Maßnahmen ausreichend sind oder was ihrer Meinung nach getan werden müsste. Sie kann einen Forderungskatalog erarbeiten und an die Presseorgane, die sie ausgewertet hat, weitergeben. Die Gruppe schickt ihren Forderungskatalog auch an Bildungspolitikerinnen und -politiker.

8 Wir richten eine Lernhilfebörse ein

Schwierigkeiten beim Lernen sind weit verbreitet. Manchen Kindern fällt das Denken und Behalten schwer, manche wissen nur nicht, wie sie lernen können, manchen fehlt die Unterstützung durch die Eltern, manche haben keinen Platz oder keine Ruhe zum Lernen u.a.

Beim Lernen können sich Kinder gut untereinander helfen – manchmal gelingt diese Hilfe sogar besser als durch Erwachsene. Denn von Gleichaltrigen werden gute Lehren eher angenommen und Kinder wissen aus eigener Erfahrung viel besser, wie man Kindern etwas verständlich erklärt.

Die Kinder einer Klasse, einer Schule, einer Freizeitgruppe gestalten eine „Lernhilfebörse". Jedes Kind schreibt sein „Angebot" auf eine Karteikarte und hängt es an einer Wandzeitung aus. Das Angebot sollte enthalten:

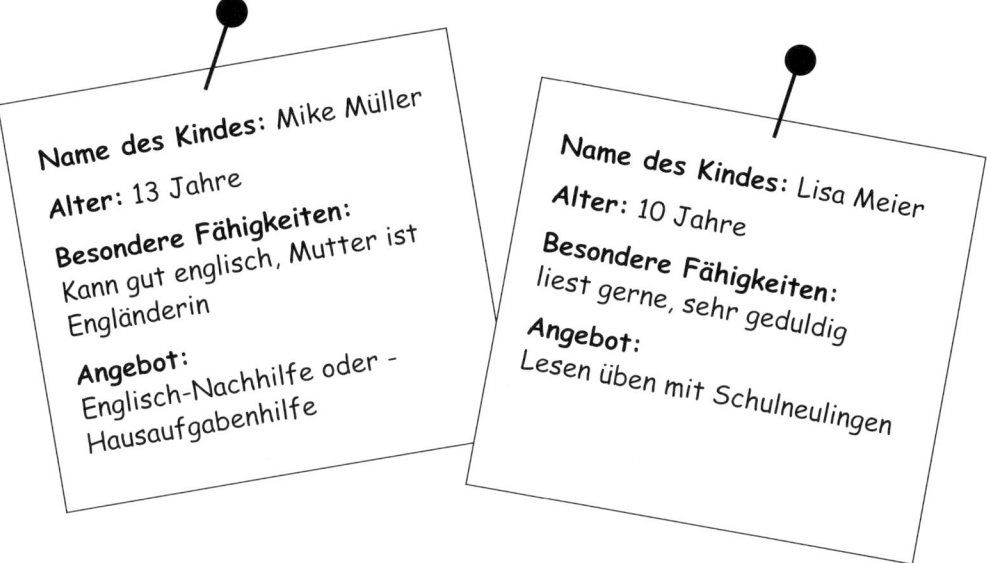

Bei einer solchen „Lernhilfebörse" muss darauf geachtet werden, dass nicht einzelne Kinder ausgenutzt werden. Wo nicht „auf Gegenseitigkeit" geholfen werden kann, müssen andere Möglichkeiten gefunden werden: Die Hilfe für andere wird z.B. als „ehrenamtliche Tätigkeit" bescheinigt. Die Gruppe sammelt Geld in einen „Hilfe-

Fond", aus dem die Helferinnen und Helfer mit einer bescheidenen Anerkennungs-
gebühr entlohnt werden o.Ä.

9 Traumschule

Die Gruppe macht in Gedanken gemeinsam einen Ausflug in eine Schule, in der das
Recht auf Bildung entsprechend ihren Bedürfnissen und Fähigkeiten für alle Kinder
bereits verwirklicht ist und in die alle Kinder der Welt gerne gehen würden.

„Alle nehmen auf ihrem Platz eine entspannte Haltung ein. Wer mag, kann auch die
Augen schließen. Gruppenleiterin oder -leiter stimmen mit folgenden – oder ähnlichen
– Worten auf den „Spaziergang in die Traumschule" ein: „Schon beim Aufwachen habt
ihr heute gespürt: Das wird ein besonders schöner Tag … Die Sonne scheint schon
früh am Morgen, … es ist warm und angenehm. … Ihr fühlt euch richtig gut und freut
euch auf das, was wir heute unternehmen wollen. … Wir besuchen eure Traumschule, … eine Schule, in die alle Kinder gerne gehen … Jedes Kind ist dort willkommen
… Alle sind freundlich zueinander … Jedes Kind kann dort lernen … Jedes Kind ist
dort eine gute Schülerin oder ein guter Schüler … Wir sind am Schultor angekommen
… Es öffnet sich weit … Oh, ist das hier schön. … Ihr schaut euch alles genau an …
Ihr lauscht auf die Geräusche … Ihr schnuppert und fühlt und nehmt alles Neue in
euch auf. … Ihr fragt, wenn ihr etwas nicht versteht … Jede Frage wird euch freundlich und geduldig beantwortet … Nun habt ihr alles gesehen und erfahren … Es wird
Zeit zum Abschied nehmen … Wir treffen uns wieder am Tor … Gemeinsam wandern
wir in unseren Klassenraum zurück … Wir sind wieder hier … Unsere Gedanken und
Gefühle sind noch bei den Erlebnissen in unserer Traumschule.

Nun nehmt Papier und Stifte. Malt ein Bild der Traumschule, in der alle Kinder willkommen sind und in die alle Kinder gerne gehen. Beschreibt eure Erlebnisse und
Erfahrungen."

Bilder und Texte werden im Gruppenraum ausgestellt und besprochen.

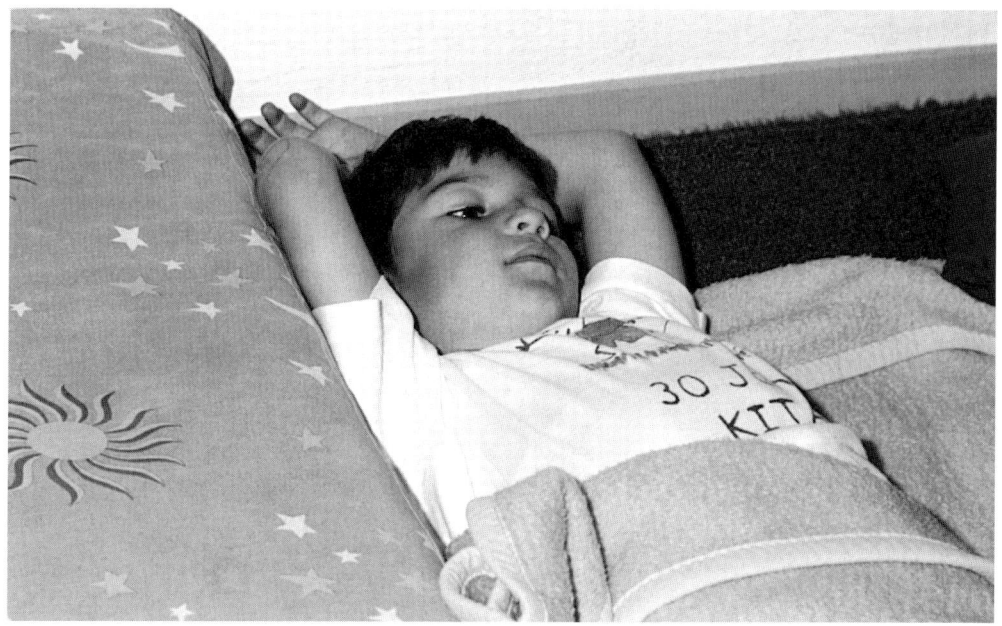

Was unterscheidet die „Traumschule" von der eigenen Schule?
Was sollte, was könnte verändert werden?
Wobei könnten Schülerinnen und Schüler – und ihre Lehrkräfte – selbst aktiv werden?

10 Die eigene Schule besser machen

Eine „Traumschule" wird sich schwerlich realisieren lassen. Aber an der eigenen Schule wird sich etwas verbessern lassen, so dass sie der Traumschule ein bisschen ähnlicher wird. Mit dieser Übung können Kinder herausfinden, wie sie und die anderen Kinder ihrer Klasse Schule und Unterricht erleben. Sie können Ideen entwickeln, wie das Lernen hier kindgerechter und für alle effektiver werden kann. Arbeitsauftrag:

73

„Manchmal ist der Unterricht interessant und du hast das Gefühl, etwas gelernt zu haben. Manchmal verstehst du aber gar nicht, was du tun sollst, oder es ist einfach langweilig.

- Was findest du an der Schule interessant oder gut?
- Was findest du schlecht oder langweilig?

Schreibe deine Antworten auf zwei Listen. Du hast dazu 10 Minuten Zeit.

Nun setze dich mit anderen Kindern in einer kleinen Gruppe zusammen. Versucht aus euren einzelnen Listen zwei gemeinsame Listen zu machen. Schreibt auf, was alle in der Gruppe besonders interessant bzw. gut oder schlecht bzw. langweilig finden. Ihr habt dazu wieder 10 Minuten Zeit.

Jetzt sprecht darüber, wie der Unterricht und das Lernen für alle besser und interessanter gemacht werden könnte. Dazu habt ihr 5 Minuten Zeit. Anschließend werden wir alle zusammen darüber sprechen."

Im Auswertungsgespräch können Fragen wie diese erörtert werden:
- Was finden die meisten Kinder in der Schule gut bzw. interessant?
- Was finden die meisten schlecht bzw. langweilig?
- Was finden nur einzelne gut und interessant bzw. schlecht und langweilig?
- Sagen die Kinder, wenn sie etwas nicht verstehen oder sich langweilen? Wenn nein, warum nicht?

Großbritannien

Schüler können schlechte Lehrer verklagen

LONDON, 28. Juli (epd). Das britische Oberhaus hat Schülern gestattet, schlechte Lehrer wegen Unfähigkeit auf Schadenersatz zu verklagen. Wie die *Times* berichtet, gaben die sieben Lordrichter des Oberhauses einer Klage von vier Schülern statt, die ihre Berufschancen durch mangelhaften Unterricht beeinträchtigt sehen. In dem Beschluss erlegen die Lordrichter den regionalen Bildungsbehörden auf, für alle Schüler optimale Unterrichtsbedingungen zu schaffen und auf die Bedürfnisse von Schülern einzugehen, die besonderer Förderung bedürfen.

Zwei der Klage führenden Schüler sind Legastheniker. Eine der Schülerinnen war zwei Wochen vor ihrem ersten Schulabschluss, vergleichbar mit der mittleren Reife in Deutschland, von den Prüfungen ausgeschlossen worden. Ihre Lehrer hatten befürchtet, sie würde durch ihre schlechte Rechtschreibung die Examensstatistik der Schule beeinträchtigen.

- Welche Ideen gibt es, um den Unterricht und das Lernen für alle interessanter und besser zu machen?
- Was können die Kinder tun? Wie und wann fangen sie damit an?

11 Frauenberufe – Männerberufe

Obgleich Mädchen und Jungen theoretisch die gleichen Berufsausbildungen offen stehen, gibt es in der Praxis immer noch Frauenberufe und Männerberufe.
Als Einstieg ins Thema befragen die Kinder ihre Eltern, Verwandten und Bekannten:
- Welche Berufe haben die Frauen? Warum üben sie diesen Beruf aus?
- Welche Berufe haben die Männer? Warum üben sie diesen Beruf aus?
- Gibt es Unterschiede in den Berufen und in der Motivation für einen Beruf?

Die Kinder stellen Listen mit Frauen- und Männerberufen zusammen und begründen ihre Auswahl. Beispiel:

Männerberufe	Frauenberufe
Technische Berufe	Soziale Berufe
Man braucht mehr Körperkraft	Man braucht nicht so viel Körperkraft
höherer Verdienst	geringerer Verdienst
bessere Aufstiegschancen	weniger Aufstiegschancen
usw.	usw.

Technische Berufe sind z.B. eher Männerberufe, soziale Berufe eher Frauenberufe. Woran liegt das? Haben Jungen prinzipiell mehr technische Fähigkeiten als Mädchen? Und haben Mädchen prinzipiell mehr soziale Fähigkeiten als Jungen? Die Kinder lernen Frauen und Männer mit für ihr Geschlecht „untypischen" Berufen kennen. Sie besuchen sie an ihrem Arbeitsplatz oder laden sie in ihre Gruppe ein.

Was muss geändert werden, damit Mädchen und Jungen ihr Recht auf Bildung und Ausbildung auch tatsächlich in gleicher Weise wahrnehmen können? Welche Unterstützung brauchen sie von ihrer Familie, von der Schule, von der Öffentlichkeit, von der Bildungspolitik?

12 Mein Wunschberuf

Die Kinder sprechen über ihre Berufswünsche oder schreiben einen kurzen Text: „Mein Wunschberuf" und illustrieren ihren Text.

Werden sie diesen Wunschberuf ergreifen können? Wenn nein, warum nicht?
- Sie verfügen nicht über die erforderlichen Fähigkeiten.
- Es gibt zu wenig Ausbildungs- oder Studienplätze
- Die Eltern sind dagegen.
- Sie sollen den elterlichen Betrieb übernehmen.
- Sie haben das „falsche" Geschlecht.
- Sie haben eine Behinderung.
- Sie sind Ausländerin oder Ausländer.
- Für Mädchen lohnt sich die lange Ausbildung nicht.
- Sie wissen zu wenig über die erforderliche Ausbildung, usw.

Jedes Kind entwirft sein ganz persönliches, möglichst witziges und originelles „Stellengesuch" für einen Ausbildungsplatz in seinem Wunschberuf. Eventuelle „Mängel" werden dabei nicht verschwiegen, der Schwerpunkt wird aber auf die Stärken gelegt, die vielleicht gerade aus solchen Mängeln entstehen können. Die Gruppe macht mit den Stellengesuchen eine Ausstellung und lädt dazu die Presse und Ausbildungsbetriebe ein.

Die Kinder informieren sich über Berufe und Ausbildungsmöglichkeiten. Sie besuchen z.B. gemeinsam das Berufsinformationszentrum (BIZ) des regionalen Arbeitsamtes. Sie informieren sich über Ausbildungshilfen (Bafög), Stipendien, Austauschprogramme u.Ä. Sie legen eine Kartei oder Datei mit wichtigen Informationen und Adressen an.

📖 Kinderbücher

- Betancourt, Jeanne: Jonas, du schaffst es!, Ravensburger Taschenbuch, ab 10 Jahre
  Jonas geht nicht gerne zur Schule. Alle machen Witze über ihn, denn manchmal schreibt er sogar seinen eigenen Namen falsch. Doch Jonas ist nicht dumm und der neue Lehrer kann ihm helfen.
- Ellensohn, Susanne: Der lange Hans oder Die heimliche Flucht, Oetinger 1998, ab 13 Jahre
  Hans, lediges Kind der Köchin Anna Wallauer, kann von Glück reden, dass er bei der Ochsenwirtin ein Dach über dem Kopf gefunden hat. Dafür muss er hart arbeiten. Erst als der österreichische Kaiser 1869 die allgemeine Schulpflicht einführt, öffnet sich für Hans eine neue Welt.
- Lannersten, Eva Embrink: Mirjam Mirakel, Beltz & Gelberg, ab 9 Jahre
  Die Zirkustochter Mirjam soll Seiltänzerin werden, dabei wird ihr schon beim Gedanken daran schwindelig …

4 Kinder haben das Recht zu spielen, sich zu erholen und künstlerisch tätig zu sein

Das Recht auf Spiel und Erholung für Kinder einzulösen ist heute leichter gesagt als getan.

Gerade Familien mit mehreren Kindern müssen häufig in Wohnungen leben, die hinsichtlich Größe und Ausstattung nicht deren Bedürfnissen entsprechen. Enge und Hellhörigkeit verhindern die volle Entfaltung von Lernfähigkeit und Intelligenz und haben gerade bei kleinen Kindern zur Folge, dass Kreativität und Spielfähigkeit eingeschränkt werden.

Hinzu kommt, dass das unmittelbare Wohnumfeld oft nicht mehr als Spiel- und Entwicklungsraum für Kinder in ausreichendem Maße zur Verfügung steht. Durch Verkehr, den steigenden Bedarf an Straßen und Parkflächen, kommt es in den Städten zu einer deutlichen Verringerung von Freiflächen für Kinder und von Spiel- und Begegnungsmöglichkeiten. Mit dem Verlust der Straße als Lebensraum gehen wichtige soziale Erfahrungen verloren. Die altersgemischte Gruppe der Nachbarskinder, die sich auf der Straße trifft, wird immer seltener. Mit ihr gehen auch Spiele verloren, die Kinder jahrzehntelang gespielt haben.

Kinder haben heute wenig Raum für freies Spielen, aber eine Übersättigung mit „Angeboten". Nicht selten haben schon kleine Kinder einen Terminkalender. Freizeit kann so zum Freizeitstress werden und somit den eigentlichen Sinn der „freien Zeit" einschränken.

Für die nachhaltige Entwicklung von Kindern sind auch kinderkulturelle und -pädagogische Angebote von Bedeutung. Hierzu gehören Bibliotheken, Kunst- und Musikschulen, Sportangebote u.a.m. Die Gestaltung der Freizeit sollte vor allen Dingen aber auch Erholung bieten. Außerdem darf es sich bei den Angeboten nicht nur um kommerzielle Angebote handeln, die nur für bestimmte Kinder zugänglich sind und andere ausschließen.

Die Arbeit von Kindern unter 15 Jahren ist in Deutschland grundsätzlich verboten. Aber es gibt Ausnahmen. Kinder, die mindestens 13 Jahre alt sind dürfen – neben der Schule – dennoch stundenweise erwerbstätig sein, sofern die Arbeit „leicht und für sie geeignet" ist. Darauf hat die Bundesregierung in ihrem Bericht zur Kinderarbeit 2000 hingewiesen. „Leicht und für Kinder geeignet" sind danach bestimmte Beschäftigungen in Haushalten, in der Landwirtschaft, beim Sport und nicht gewerblichen Aktionen sowie das Austragen von Zeitungen oder Werbeprospekten. Im Kultur- und Medienbereich dürfen auch noch jüngere Kinder beschäftigt werden, wenn Schutzmaßnahmen garantiert sind. „Kinderarbeit" gibt es also auch bei uns. Auf 700.000 wird die Zahl der erwerbstätigen Kinder vom Kinderschutzbund geschätzt. 20 %, so wird vermutet, gehen dabei einer Arbeit nach, die gegen das Jugendarbeitsschutzgesetz verstößt. Kaum zu überblicken ist die Zahl der Kinder, die ihren heimarbeitenden Müttern und Vätern helfen. Um die Lieferfristen der Auftraggeber einzuhalten, arbeiten viele Kinder fünf bis sechs Stunden täglich. Wenn man die Kinder fragt, arbeiten sie, um sich zusätzliche persönliche Konsumwünsche zu erfüllen. Am Wahrheitsgehalt dieser Antworten gibt es aber berechtigte Zweifel. Denn Kinderarbeit ist vor allem dort häufig, wo Eltern von Sozialhilfe oder Arbeitslosenunterstützung abhängig sind.

📖 Weitere Denkanstöße geben

- Bundesvereinigung Kulturelle Jugendbildung e.V. (Hg.): Partizipation und Lebenskunst, Beteiligungsmodelle in der kulturellen Jugendbildung, Schriftenreihe der Bundesvereinigung Kulturelle Jugendbildung, Bd. 54, Remscheid 2000
- Düwell, Franz Josef: Die Bekämpfung der Kinderarbeit, in: Thema Jugend Nr. 1, März 2000
- Meyer, Bernhard: Spielraumrisiko – Stadtentwicklung mit Kindern, Griesheim 1999
- Pollmann, Uwe: Zum Beispiel: Kinderarbeit, Lamuv, Göttingen 1999

1 Mein Tageslauf

Die Kinder dokumentieren an einem Wochentag (Schultag) ihren typischen Tageslauf mit Hilfe einer Zeitleiste:

Uhrzeit	Tätigkeit
6.00	
7.00	
8.00	
9.00	
10.00	
11.00	
12.00	
13.00	
14.00	
15.00	
16.00	
17.00	
18.00	
19.00	
20.00	
21.00	

Die Kinder reflektieren ihren eigenen Tagesablauf. Wie viel Zeit haben sie zum Spielen, für Hobbies, zur Erholung? Gibt es Zeiten, in denen sie „arbeiten"? Was tun sie? Warum arbeiten sie? Sind sie mit ihrem Tagesablauf zufrieden? Was könnte besser sein?

Die Kinder vergleichen ihre Zeitleisten miteinander und diskutieren darüber.

2 Freizeittorte

Wie viel Freizeit, d.h. Zeit ohne familiäre und schulische Verpflichtungen, haben Kinder und wie gehen sie mit dieser Freizeit um?

Die Kinder malen auf ein Stück Papier einen großen Kreis. Dahinein malen sie ihre Freizeitaktivitäten wie ungleich große „Tortenstücke", je nachdem, wie viel Zeit sie prozentual dafür etwa verwenden. Am Rand können sie zusätzlich die geschätzte Zeit in Minuten oder Stunden eintragen:

- Wie viel freie Zeit hat jedes Kind insgesamt?
- Wie unterscheiden sich die „Freizeittorten"?
- Sind die Kinder mit ihrer Freizeit zufrieden?
- Ist die Freizeit wirklich „Erholungszeit"?
- Welche Freizeitmöglichkeiten fehlen?

Die Reflexion des Freizeitverhaltens ermöglicht Bestandsaufnahme und gegebenenfalls Neuorientierung. Für bestimmte Freizeit-Aktivitäten, z.B. Fernsehen, Computern, Sport, können Durchschnittswerte berechnet werden. Haben die Kinder gewusst, wie viel Zeit sie einfach nur vor der Glotze abhängen? Vielleicht gibt es ja spannendere Beschäftigungen. Durch den Vergleich mit anderen können alternative Freizeitbeschäftigungen angeregt werden.

Aus der Beschäftigung mit den „Freizeittorten" können sich weitere Aktivitäten ergeben wie:
- Eine Freizeitkartei oder -datei zusammenstellen
- Ein Freizeitposter herstellen, auf dem Fotos und Anschriften unterschiedlicher Freizeitangebote zusammengestellt werden
- Auf dem Stadtplan unterschiedliche Freizeitmöglichkeiten für Kultur, Sport, Natur usw. farbig markieren und den Plan aushängen

3 Wie sag ich's den Erwachsenen?

Manche Kinder haben ein „Pflichtprogramm", das sich Erwachsene kaum gefallen lassen würden: einen langen Schulweg, anstrengende Unterrichtsstunden, jede Menge Hausaufgaben und zusätzliches Lernen für Klassenarbeiten. Besonders hart wird es, wenn Klassenarbeiten sich häufen, weil Lehrkräfte sich nicht absprechen und/oder die anfallende Hausarbeit falsch einschätzen. Bei manchen Kindern wird die Freizeit auch durch wohlmeinende Eltern eingeschränkt, durch Nachhilfestunden oder zusätzliche Kurse, damit das Kind nur ja die bestmögliche Förderung erhält.

Welches sind „Standard-Überforderungssituationen"? Die Kinder stellen die häufigsten Situationen zusammen. Im Rollenspiel probieren sie aus, wie sie sich gegen Überforderung zur Wehr setzen können und üben die besten Vorschläge ein. Eine solche Szene kann auch zum Einstieg in einen Elternabend oder eine pädagogische Konferenz in der Schule gespielt werden, um Erwachsene für das Thema „Arbeitszeit von Kindern" zu sensibilisieren.

4 Spielplatztest

Die Kinder erkunden ihren Stadtteil oder ihre Gemeinde mit dem Fotoapparat nach Spielmöglichkeiten:
- Wo gibt es „Spielraum"?
- Wie sind diese Spielräume gestaltet?
- Wie groß sind sie?
- Was kann man da überhaupt spielen?
- Wann ist Spielen erlaubt? Für Kinder welchen Alters?
- Ist der Weg zum Spielplatz gefährlich?

Die Kinder tragen ihre Ergebnisse zusammen. Die Fotos werden auf eine Plakatwand geklebt und mit entsprechenden Texten versehen. Eine Dokumentation wird erstellt und in einer Ausstellung der Presse vorgestellt.

Die Kinder stellen einen Katalog mit allen Dingen auf, die ihrer Meinung und Erfahrung nach bei der Gestaltung eines Spielplatzes berücksichtigt werden sollten. Sie planen selbst einen Spielplatz, zeichnen Skizzen, bauen ein Modell. Die fertige Arbeit überreichen sie den verantwortlichen Kommunalpolitikerinnen und -politikern.

5 Der Jugendausschuss tagt

Die Gruppe macht ein Planspiel: Der Jugendausschuss der Gemeinde oder eines Verbandes tagt zu dem Thema „Freizeit und Spielmöglichkeiten". Eine Tagesordnung wird festgelegt, z.B.:

- Top 1: Bericht über den Rückgang der Besucherzahlen im „Jugendhaus" der Gemeinde bzw. über die mangelnde Teilnahme der Kinder an den Angeboten des Verbandes.

- Top 2: Maßnahmen zur Verbesserung der Situation
- Top 3: Anschaffung neuer Spiele

Vor dem Einstieg in die Tagesordnung werden folgende Rollen besetzt:
Ein Kind wird Bürgermeisterin/Bürgermeister oder Verbandsvorsitzende/r
Vier Kinder werden Abgeordnete oder Abteilungsleiterinnen oder -leiter.
Zu jedem Tagesordnungspunkt werden zwei Expertinnen/Experten hinzugezogen.
Die anderen Kinder sind interessierte Bürgerinnen und Bürger bzw. Verbandsmitglieder. Sie haben ein Rederecht, aber kein Stimmrecht.

Nach Abschluss der „Sitzung" wird das Spiel ausgewertet:
- Wie habe ich mich in meiner Rolle erlebt?
- Welche Grundeinstellungen bei den verschiedenen Funktionsinhaberinnen/-inhabern wurden deutlich?
- Welche Lösungen wurden gefunden?
- Welche Argumentationen waren – im Sinne der Kinderrechte – besonders hilfreich?
- Wie würde eine solche Sitzung tatsächlich ablaufen? Was könnte man übertragen?

Die Gruppe besucht gemeinsam eine reale Sitzung des Jugendausschusses und vereinbart ein Gespräch mit den Gemeindevertreterinnen und -vertretern.

6 Talentschuppen

In vielen Kindern schlummern künstlerische Talente, die vielleicht nur noch nicht entdeckt worden sind oder die Kinder hatten noch keine Gelegenheit, sie zu zeigen.

Die Gruppenmitglieder bilden Paare und interviewen sich gegenseitig:
- Hast du ein besonderes künstlerisches Talent oder Interesse? Welches?
- Übst du schon eine künstlerische Tätigkeit aus? Welche?
- Möchtest du gerne etwas Künstlerisches tun? Warum tust du es bisher nicht?

Anschließend stellen die Interviewerinnen und Interviewer „ihr" Kind vor.

Die Kinder schreiben Geschichten zu „ihrem" Interesse. Dazu schreiben sie die Buchstaben eines Schlüsselwortes senkrecht untereinander. Zu jedem Buchstaben formulieren sie einen Satz, dessen erstes Wort mit dem vorgegebenen Buchstaben anfängt, z.B:

G Geige spielen würde ich für mein Leben gerne.
E Eine Geige ist ein wunderschönes Instrument.
I Ich habe aber noch keinen Unterricht.
G Geigenunterricht ist teuer.
E Eine eigene Geigenlehrerin können wir nicht bezahlen.

oder

S Seit ich 5 Jahre bin, singe ich im Chor.
I Ich habe jede Woche Probe.
N Natürlich ist das oft lästig.
G Gerade im Sommer würde ich lieber schwimmen gehen.
E Es geht aber nicht ohne Proben.
N Neulich sind wir sogar im Fernsehen aufgetreten.

oder

M Mein Hobby ist das Malen.
A Alles, was mir gefällt, möchte ich im Bild festhalten.
L Leider gelingt mir das nicht immer.
E Endlich habe ich jetzt einen Malkurs gefunden.
N Natürlich muss ich noch viel üben.

Die Texte werden vorgelesen oder zum Lesen im Raum ausgehängt.
Wie viele verschiedene Ideen sind zusammengekommen? Wer hat Interesse an einer künstlerischen Tätigkeit, hat aber bisher noch keine Möglichkeit gefunden? Welche Möglichkeiten gibt es in der näheren Umgebung?

7 Vorhang auf – Bühne frei

Viele Kinder sind kreativ und haben bereits künstlerische Fertigkeiten, die sie im Alltagsleben nicht zeigen können. Sie können z.B. zaubern, jonglieren, spielen ein Instrument, singen, rappen, machen Bauchtanz, malen, schreiben Gedichte usw. Die Gruppe beschließt, allen, die wollen, die Möglichkeit zu geben, nacheinander ihre Kunst zu zeigen. Einmal wöchentlich oder alle vierzehn Tage wird im Rahmen der Gruppenarbeit oder des Unterrichts dafür ein bestimmter Zeitraum zur Verfügung gestellt.

Die Kinder können alleine auftreten, sie können sich aber auch mit anderen zusammentun, um gemeinsam etwas vorzuführen.

Zwischen den Kindern muss ein gutes Vertrauensverhältnis bestehen, damit keines Sorge haben muss, bloßgestellt zu werden, wenn die Vorführung vielleicht (noch) nicht so gut gelingt. Darüber hinaus sollten vor jedem Auftritt folgende Regeln vereinbart werden:

- Nach jedem Auftritt, jeder Vorführung oder Ausstellung darf jedes Gruppenmitglied sagen, was es gut fand – negative Kritik ist nicht erlaubt.
- Wer etwas vorgeführt hat, darf aber nach Verbesserungsvorschlägen fragen.

Haben Gruppenmitglieder neue Aktivitäten kennen gelernt? Haben sie Anregungen für sich selbst bekommen? Wohin können sie sich wenden, wenn sie ihre eigenen Fähigkeiten auf einem bestimmten Gebiet ausprobieren möchten?

8 Kreativ sind wir doch alle

Die Kinder stellen das Thema „Kinderrechte" künstlerisch dar. Sie schreiben ein Gedicht, einen Liedtext oder eine Erzählung, malen oder zeichnen ein Bild, kleben eine Collage, komponieren ein Lied, spielen eine Szene u.a.m. – je nachdem, was ihnen zum Thema einfällt und welche Darstellungsform ihnen besonders liegt. Sie können alleine oder mit anderen zusammenarbeiten.

In jeder Gruppe wird es Kinder geben, die von sich glauben, sie könnten das nicht. Aber alle Menschen haben kreative Fähigkeiten. Bei manchen Menschen wurden sie nur gar nicht erst entwickelt, bei anderen sind sie vielleicht schon wieder verschüttet. Um unsichere Kinder an ihre kreatives Potenzial heranzuführen, können Hilfen gegeben werden:

- Die Aufgabe wird mit einer „Fantasiereise" eingeführt. Die Kinder werden anschließend gebeten, ihre Gefühle abstrakt, nur als Form und Farbe zu malen.
- Zum Schreiben von Texten werden Vorgaben gemacht:
  Die Kinder erhalten eine Schachtel mit „Wörtern", aus denen sie für ihren Text auswählen können bzw. müssen. Solche Wörter können sein: Recht, frei, Musik, tanzen, Fee, Zeit …

Sie werden angeleitet, eine bestimmte Gedichtform zu verwenden, z.B. ein „Elfchen" zu schreiben (1.Zeile 1 Wort, 2. Zeile 2 Wörter, 3. Zeile 3 Wörter, 4. Zeile vier Wörter, 5. Zeile 1 Wort). Dabei können wiederum Wörter „zur Verfügung gestellt" oder gemeinsam gesammelt werden. Ein Elfchen könnte z.B. lauten:

Ich

bin wie

jedes Kind kreativ.

Ihr müsst mir nur

Zeit geben das zu zeigen.

Täglich

- Gemeinsam wird eine bekannte Melodie ausgewählt, zu der ein neuer Text geschrieben werden muss, u.a.m.

Wie ist es den Kindern bei dieser Übung ergangen? Welches Gefühl hatten sie vor dem Beginn? Welches am Ende? Haben sie etwas Neues über sich selbst und/oder über andere erfahren?

Alle Kunstwerke werden auf einer Veranstaltung präsentiert. Der Erlös der Veranstaltung wird für die weitere „Kinderrechtsarbeit" an diesem Kinderrecht verwendet.

9 Künstlerkartei

Die Gruppe erkundet kulturelle Angebote für Kinder in der Stadt. Was gibt es schon? Wo können Kinder z.B.:

- ein Instrument spielen lernen
- malen
- im Chor singen
- Zirkus machen
- eine Schreibwerkstatt besuchen
- Theater spielen
- usw.

Aus den Informationen erstellen die Kinder eine „Künstlerkartei", in der alle Angebote für Kinder und Jugendliche gesammelt werden.

Die Kinder erbitten Unterstützung zur Finanzierung fehlender Angebote und/oder zur Beschaffung fehlender Materialien z.B. bei der Schule, beim Jugendamt, bei Vereinen, bei den Kirchen, bei Firmen usw. Wer kann z.B. eine Schauspielerin für einen Workshop sponsern, wer ein Musikinstrument stiften, wer Farben und Papier, wer kann einen Raum zum Proben zur Verfügung stellen, usw.?

Die Gruppe gestaltet einen „Talentnachmittag" und lädt Eltern, Bekannte, Presseleute, Prominente und andere wichtige Personen ein. Der Erlös der Veranstaltung wird dazu verwendet, bedürftigen Kindern die Teilnahme an künstlerischen Angeboten zu ermöglichen oder weitere gemeinsame Aktivitäten zu finanzieren.

10 Zu Hause helfen – Kinderarbeit oder nicht?

Im bürgerlichen Gesetzbuch heißt es:

§ 1619 Dienstleistungspflicht in Haus und Geschäft
Das Kind ist, solange es dem elterlichen Hausstand angehört und von den Eltern erzogen oder unterhalten wird, verpflichtet, in einer seinen Kräften und seiner Lebensstellung entsprechenden Weise den Eltern in ihrem Hauswesen und Geschäfte Dienste zu leisten.

Welche Pflichten sind hier gemeint? Welche Tätigkeiten sollte das Kind in seiner Familie übernehmen? Sind das immer die gleichen Tätigkeiten? Wie wird das festgelegt?
Jedes Kind macht eine Aufstellung über die Tätigkeiten, die es in der Familie übernimmt:

Tätigkeit	regelmäßig	manchmal	nie
Mein Bett machen	X		
Mein Zimmer aufräumen	X		
Müll runterbringen		X	
usw.			

Die Kinder vergleichen ihre „Arbeitspläne“. Ist das „Kinderarbeit“?
Haben die Kinder gewusst, dass sie per Gesetz zur Mithilfe im Haushalt verpflichtet sind?
Wissen ihre Eltern das? Widerspricht dieses Gesetz nicht dem Verbot von „Kinderarbeit“? Warum gibt es diesen Paragraphen im Bürgerlichen Gesetzbuch wohl?

Die Kinder informieren sich genau über ihre häuslichen Rechte und Pflichten bei einer Juristin oder einem Juristen, z.B. vermittelt vom Kinderschutzbund oder Kinderbüro. In manchen Orten gibt es auch eine spezielle Kinderanwältin oder einen Kinderanwalt. Entspricht das, was sie zu Hause tun, dem, was sie tun müssten?

11 Wie Kinder arbeiten

Bei „Kinderarbeit" denken wir im Allgemeinen an Kinder in armen Ländern und Krisengebieten. Kinderarbeit bei uns? Gibt's doch gar nicht mehr. Aber stimmt das wirklich?
Die Kinder machen sich kundig über Kinderarbeit:
- Welches Kind hat einen „Job"?
- Was tut es? Warum?

Die Kinder sehen für einen begrenzten Zeitraum Zeitungen und Zeitschriften durch, sie achten im Fernsehen darauf: Wo ist „Kinderarbeit" ein Thema?
- Was arbeiten Kinder? Warum tun sie das?
- Welche Vorteile hat die Arbeit für die betroffenen Kinder? Welche Nachteile?

Rund 700.000 Fälle verbotener Kinderarbeit in Deutschland
Kinderschutzbund kritisiert „Vollzugsdefizit lateinamerikanischen Ausmaßes"

München (ap). Verbotene Kinderarbeit ist auch in Deutschland ein großes Problem. Nach Schätzungen des Kinderschutzbundes arbeiten zur Zeit rund 700.000 schulpflichtige Jungen und Mädchen regelmäßig, teilweise vor Schulbeginn. Der Präsident des Verbandes, Heinz Hilgers, sprach am Wochenende auf dem zweiten Kinderrechtstag in München von einem „Vollzugsdefizit lateinamerikanischen oder osteuropäischen Ausmaßes".
Im gesamten Land würden jährlich nur etwa 1000 Fälle verbotener Kinderarbeit aufgedeckt, in Bayern sogar nur 30 Fälle, erklärte Hilgers. Zurückzuführen sei dies vor allem auf mangelhafte Kontrollen durch die Gewerbeaufsichtsämter.
Die Zahl der Kinder, die in Deutschland unterhalb der Armutsgrenze leben, erhöhte sich nach Hilgers Angaben in den vergangenen 20 Jahren fast um das Vierfache. Ihr Anteil stieg demnach von 2,1 auf acht Prozent. In München lebe fast ein Viertel aller Kinder von Sozialhilfe, die Hälfte davon seien Kinder allein Erziehender.

Ist Kinderarbeit in Deutschland überhaupt erlaubt?

- Die Kinder informieren sich über die rechtlichen Bestimmungen, z.B. beim Jugendamt, beim Arbeitsamt, bei Kinderschutzverbänden.

Haben die Kinder etwas Neues über „Kinderarbeit" in Deutschland gelernt? Welche Art der „Kinderarbeit" finden sie richtig? Welche finden sie falsch und eventuell sogar schädlich? Was müsste getan werden, um diese „schädliche" Kinderarbeit abzuschaffen?

📖 Kinderbücher

- Boie, Kirsten: Mittwochs darf ich spielen, Oetinger Hamburg, ab 8 Jahre
  Fabia geht in die erste Klasse und hat jeden Tag ein volles Programm. Bis Tante Pia zum Einhüten kommt und Fabia etwas lernt, was sie bisher noch nicht kannte: spielen, einfach nur spielen.
- Eicke, Wolfram: Blitzlicht. Als Kinderstar in der Werbung, rororo rotfuchs Reinbek, ab 11 Jahre
  Plötzlich hat sich Immos Leben verändert. Er ist ein Star, verdient viel Geld. Aber er schafft es immer weniger, Schule, Freundschaften, Freizeit und Arbeit unter einen Hut zu bringen.
- Friedrich, Joachim: Pias Pia, Omnibus Bertelsmann, ab 6 Jahre
  Pias Freizeit ist mit Turnen, Schwimmen, Ballett und Gitarrenunterricht verplant. Zeit zu spielen bleibt nicht. Da taucht Pias Pia auf. Sie hilft und macht Mut, die eigenen Wünsche besser wahrzunehmen. Pia gelingt es, ihr Leben so zu ändern, dass sie wieder Spaß daran hat.
- Pelgrom, Els: Umsonst geht nur die Sonne auf – Kinderarbeit vor 100 Jahren, dtv junior München, ab 10 Jahre
  Der kranke Vater kann die Familie nicht mehr ernähren. Also muss die 11-jährige Fine fern von zu Hause als Dienstmädchen arbeiten. An das demütigende Verhalten der Herrschaften aber kann sie sich nicht gewöhnen. Schließlich verliert sie bei einem Streit ihre Arbeit.

5 Kinder haben das Recht, bei allen Fragen, die sie betreffen, mitzubestimmen und zu sagen, was sie denken

Für das in einer Demokratie allen Bürgerinnen und Bürgern garantierte Mitwirkungsrecht gibt es keine Alters- und/oder sonstige Beschränkungen. Es gilt auch für Kinder. Kinder sind Subjekte ihres Lebens. Sie sind Mitbürgerinnen und Mitbürger mit eigenen Bedürfnissen, Interessen und Kompetenzen. Die Stellvertretung durch Erwachsene kann die direkte Beteiligung der Kinder nicht ersetzen. Kinder bringen andere Aspekte und Perspektiven ein. Und sie haben von klein auf Kompetenzen – andere als Erwachsene und mehr, als viele ihnen zutrauen. Entwicklungspsychologische Erkenntnisse sprechen dafür, dass schon kleine Kinder – bei entsprechender Information und in kindgerechter Form – in der Lage sind, in wichtigen Fragen, die sie betreffen mitzubestimmen.

Die direkte Beteiligung oder Partizipation von Kindern ist in den letzten Jahren zu einer zentralen Forderung der Kinderpolitik in Deutschland geworden. Nicht nur die UN-Kinderrechtskonvention, auch das Kinder- und Jugendhilfegesetz mit seinen landesspezifischen Ausführungsbestimmungen, Schulgesetze und Kommunalverfassungen fordern die Partizipation von Kindern.

Wer die Forderung nach Partizipation ernst nimmt, muss Kindern von klein auf Gelegenheit geben mitzubestimmen. Denn am besten lernen Kinder das, was sie tun sollen, wenn es mit dem, was sie erleben, übereinstimmt. Die Beteiligungsrechte von Kindern in Familie, Schule, Kommune usw. sind noch längst nicht in ausreichendem Maße verwirklicht.

Auch wenn immer wieder über Aktionen und Projekte für und mit Kindern berichtet wird, steckt die Realisierung echter Partizipation noch in den Kinderschuhen. Denn Partizipation erschöpft sich nicht darin, dass die Erwachsenen Kindern hin und wieder Gelegenheit geben, ihre Wünsche und Meinungen zu „Kinderthemen" zu äußern. Die jeweilige Stufe der Partizipation ist stets kritisch zu hinterfragen:

- Um bloße Dekoration handelt es sich, wenn Kinder Veranstaltungen „schmücken" dürfen, bei denen Erwachsene irgendetwas für Kinder tun.
- Von Alibi-Beteiligung kann man sprechen, wenn Kinder zu Stellungnahmen aufgefordert werden, die aber eigentlich niemanden interessieren.
- Mitwirkung ist es immerhin schon, wenn Kinder ernsthaft befragt werden, aber kein Mitspracherecht haben.
- Von Mitbestimmung kann erst gesprochen werden, wenn Kinder tatsächlich in alle Phasen eines Projektes gleichberechtigt einbezogen werden und auch Entscheidungsbefugnisse haben.

Die Interessen von Kindern werden im übrigen nicht nur beim Bau von Spielplätzen und Freizeiteinrichtungen tangiert, sondern bei nahezu allen öffentlichen Angelegenheiten. Alle Planungen und Vorhaben in Gemeinden, z.B. in den Bereichen Verkehr, Stadtsanierung, Wohnungsbau usw. betreffen auch die Kinder. Entscheidungen über Umweltschutz, über die Schaffung von Arbeitsplätzen, über die Altersversorgung – alle betreffen auch die Interessen der Kinder.

> 📖 **Weitere Denkanstöße geben:**
> - Büttner, Christian/Meyer, Bernhard (Hg.): Lernprogramm Demokratie, Möglichkeiten und Grenzen politischer Erziehung von Kindern und Jugendlichen, Juventa, Weinheim und München 2000
> - Portmann, Rosemarie: Demokratisch handeln – Kinder mischen mit, Mücke-Unterrichtsreihe für die Grundschule, Universum Verlagsanstalt, Wiesbaden 1995
> - Schröder, Richard: Kinder reden mit! Beteiligung an Politik, Stadtplanung und -gestaltung, Beltz, Weinheim und Basel 1995

1   Wie halten wir's mit der Mitbestimmung?

Auch Kinder haben das Recht, ihre Meinung zu sagen und bei allen Dingen, die sie betreffen, mitzubestimmen. Mit diesem Recht können nicht alle Kinder etwas anfangen, so sehr sind sie daran gewöhnt, dass alles für sie von Erwachsenen geregelt wird.

Die Arbeit an diesem Recht kann deshalb so beginnen: Jedes Kind überlegt für sich, wo es zu Hause, in der Schule, in der Freizeit usw. mitbestimmen darf:

Ich darf _____

_____

_____

In einem zweiten Schritt schreibt es auf, wo es nicht mitbestimmen darf:

Ich darf nicht _____

_____

_____

Zum Schluss schreibt jedes Kind auf, wo es gerne mitreden und mitbestimmen möchte:

Ich möchte gerne mitbestimmen bei _____

_____

_____

Die Kinder vergleichen ihre Aufzeichnungen und sprechen darüber.
Sie diskutieren, warum sie manchmal mitbestimmen dürfen und manchmal nicht.
Gibt es Angelegenheiten, bei denen besonders viele mitbestimmen möchten?
Was könnten sie tun, damit sich das erfüllt?

2 Erwachsene zur Mitbestimmung befragen

Das Recht auf Mitbestimmung ist gegen den Willen der Erwachsenen schwer durchzusetzen. Deswegen ist es wichtig, mit Erwachsenen darüber ins Gespräch zukommen. Als Einstieg können die Kinder Erwachsene nach ihrer Meinung zur Mitbestimmung von Kindern befragen.

Gemeinsam werden in der Gruppe Fragen formuliert, die die eigene Situation betreffen, z.B.:

	Antworten der Erwachsenen		
	mit Kindern unter 10 Jahren	mit älteren Kindern	ohne Kinder
Ab welchem Alter würden Sie ein Kind nach seiner Meinung fragen bei kleineren Entscheidungen, die es selbst betreffen?			
Ab welchem Alter finden Sie es in Ordnung, dass ein Kind selbst entscheidet, was es anzieht?			
Ab welchem Alter darf ein Kind selbst entscheiden, mit wem es befreundet sein will?			
Ab welchem Alter sollte ein Kind frei über sein Taschengeld verfügen können?			
Ab welchem Alter darf ein Kind mitbestimmen, wie lange es am Abend wegbleiben darf?			

Bei welchen Fragen unterscheiden sich die Vorstellungen über „Mitbestimmung" von Gruppenmitgliedern und Erwachsenen? Mit einzelnen Erwachsenen können weiterführende, vertiefende Interviews gemacht werden. Wie begründen die Erwachsenen ihre Meinung? Wie die Kinder?

Auch für Erwachsene ist es wichtig, für selbstverständlich gehaltene Erziehungshaltungen immer wieder zu hinterfragen. Denn oft verhalten sie sich einfach gedankenlos nach dem Motto: „Das war doch schon immer so …"

Wie können Erwachsene und Kinder sich bei Fragen der Mitbestimmung stärker annähern? Die Kinder formulieren Vorschläge und erbitten Vorschläge von Erwachsenen.

3 Schlagzeilen

Was Mitbestimmung inhaltlich und formal bedeuten kann, müssen junge Leute erst üben. Eine gute Trockenübung ist folgende: Die Kinder erhalten Überschriften von Zeitungsartikeln und sollen nun einen knappen Artikel unter dem Aspekt „Kinder haben ein Recht auf Mitbestimmung" dazu schreiben.
Solche Überschriften – alle entnommen einer Freitagsausgabe einer überregionalen Tageszeitung – können z.B. sein:
- Zehntausende gehen gegen rechte Gewalt auf die Straße
- Schulbauwettbewerb: Preisträger zeigen ihre Entwürfe
- Second-Hand-Kleider
- Unterschriften für die Kirdorfer Post
- Jedes Buch mehr als dreimal ausgeliehen

Beispiel: Second-Hand-Kleider
Bei einer Aktion zum Thema „Abfallvermeidung" haben Kinder und Jugendliche die Feststellung gemacht, dass im Müll viele, z.T. kaum getragene Kleidungsstücke landen. Nach hartnäckigem Suchen hat ihnen nun endlich die Gemeinde einen Raum zur

Verfügung gestellt, in dem sie zukünftig „Second-Hand-Kleider" sammeln, umsonst abgeben oder gegen ein geringes Entgelt verkaufen können. Die jungen Leute werden den Laden reihum selbst betreuen. Unterstützt werden sie dabei von zwei Müttern und einem Vater.

Die Artikel der Kinder können eventuell mit den „echten" verglichen werden. Kommen dort Kinder überhaupt vor, selbst wenn es sich um „Kinderthemen" handelt, wie Schule, Betreuung, Spiel- und Freizeitmöglichkeiten?

Die Übung kann die Gruppe auch zu neuen, bisher noch nicht praktizierten Möglichkeiten der Mitbestimmung inspirieren.

4 Gruppen- oder Klassenrat

Der Gruppen- oder Klassenrat ist eine Mitbestimmungsform, bei der alle Teilnehmerinnen und Teilnehmer gleichberechtigt sind. Jedes Kind, jeder Erwachsene hat eine Stimme und damit die Möglichkeit, seine Meinung zu allen zur Diskussion stehenden Themen zu äußern und über das Zusammenleben in der Gruppe mitzubestimmen.

Der Rat sollte regelmäßig tagen, z.B. wöchentlich oder vierzehntägig, denn in einer Gruppe gibt es immer etwas zu regeln. Die Themen, die besprochen werden sollen, werden von den Gruppenmitgliedern eingebracht. Sie werden bis zur nächsten Sitzung auf einem Zettel notiert und unterschrieben entweder in einen besonderen „Briefkasten" eingeworfen oder offen an eine Wandzeitung im Raum geheftet. Wer ein Thema einbringen möchte, kann aber auch seinen Namen in eine Liste eintragen. Die Themen werden dann in der Reihenfolge der Eintragungen besprochen. Natürlich kann der Rat auch ad hoc zusammentreten, wenn etwas sofort geklärt werden muss, z.B. ein Streit zu schlichten ist, über die Teilnahme an einer Aktion zu entscheiden ist o.Ä.

Die Leitung der Ratsversammlung wird reihum von zwei Gruppenmitgliedern übernommen, die sich die Aufgaben der Gesprächsleitung teilen. Ein Kind moderiert z.B.

die Sitzung, das andere achtet auf die Einhaltung der Regeln und führt die Redeliste. Es ist darauf zu achten, dass niemand persönlich angegriffen wird und alle Meinungen in der Reihenfolge der Wortmeldungen angehört werden. Beschlüsse sollten nach Möglichkeit einvernehmlich und nicht durch Mehrheitsentscheidung getroffen werden, damit Minderheiten nicht dominiert werden können. Was auf Anhieb nicht geklärt werden kann, wird vertagt und bei der nächsten Sitzung wieder aufgegriffen. Ergebnisse und Beschlüsse einer Ratssitzung werden zum Schluss sachlich und knapp in einem Protokollbuch festgehalten.

Damit ein solcher Rat gut funktioniert, muss das Verfahren eingeübt werden. Am besten fängt die Gruppe mit einfachen, in der Gruppe wenig kontrovers diskutierten Themen an, z.B.

- Wir organisieren eine Party.
- Wir gestalten unseren Raum gemütlich.
- Wir sammeln für ein Waisenhaus.
- usw.

Mit zunehmender Routine eignen sich „Ratsitzungen"

- zur Diskussion und Verabschiedung eines Regelkatalogs für das Zusammenleben in der Gruppe
- zum Konfliktmanagement und letztlich
- zur Bearbeitung aller „Mitbestimmungsangelegenheiten".

5 Gruppenregeln

Die Kinder stellen Regeln für das Zusammenleben und Zusammenarbeiten in ihrer Gruppe auf.

Alle Vorschläge werden auf einem Wandplakat gesammelt und diskutiert. Dann wird gepunktet:
- Welche Regeln sind unabdingbar?
- Welche sind weniger wichtig?
- Können wir die vorgeschlagenen Regeln wirklich einhalten?
- Was soll passieren, wenn sich jemand nicht an die Regeln hält?

Anschließend werden wenige, aber bedeutsame Regeln und Konsequenzen für Regelverstöße beschlossen. Die Regeln müssen so klar formuliert sein, dass wirklich alle Gruppenmitglieder verstehen, was erlaubt und was verboten ist. Es wird ein Zeitraum festgelegt, in dem die Regeln zunächst mal erprobt werden sollen. Danach wird geprüft:
- Hat unser Regelsystem gut funktioniert?
- Welche Regeln können bleiben, welche müssen verändert werden?
- Wann wollen wir unser Regelsystem erneut überprüfen?

6 Sprecherin und Sprecher wählen

Nicht bei allen die Gruppe betreffenden Entscheidungen können immer alle Mitglieder unmittelbar beteiligt werden. Für solche Fälle braucht jede Gruppe eine Sprecherin oder einen Sprecher. Wenn in einer Gruppe beide Geschlechter vertreten sind, sollten es immer Sprecherin und Sprecher sein.

Vor der Wahl muss in der Gruppe geklärt werden:
- Welche Aufgaben müssen die beiden erfüllen?
- Welche Fähigkeiten und Kompetenzen müssen sie dafür haben?

Die Kinder, die sich zur Wahl stellen wollen, stellen sich auf einem „Wahlplakat" vor:

Die Wahlplakate hängen eine Zeit lang im Gruppenraum aus, damit alle Wählerinnen und Wähler sich ein Bild machen können. Auf einer „Wahlveranstaltung" können die Kandidatinnen und Kandidaten darüber hinaus noch einmal persönlich befragt werden bzw. über ihre besonderen Interessen und Fähigkeiten sprechen.

Die Gruppe legt einen Wahlmodus fest: Für wie lange (6 Monate, 1 Jahr o. Ä.) sollen Sprecherin und Sprecher gewählt werden? Wird offen oder geheim gewählt? Wie viele Personen sollen gewählt werden? Was geschieht mit Stimmzetteln, die anders als vorgesehen ausgefüllt sind? Sollen auch Stellvertreterinnen bzw. Stellvertreter gewählt werden? Gleichzeitig im selben Wahlgang oder nacheinander in zwei Wahlgängen? Wer ist stimmberechtigt?

Anschließend wird ein Wahlausschuss aus Kindern, die sich nicht zur Wahl stellen, bestimmt. Der Wahlausschuss organisiert die eigentliche Wahl. Er passt auf, dass die Wahl regelgerecht abläuft und alle Bestimmungen eingehalten werden. Nach der Wahl zählt der Wahlausschuss die Stimmen aus und stellt fest, wer die Wahl gewonnen hat. Die gewählten Kinder werden gefragt, ob sie die Wahl annehmen. Das Wahlergebnis wird in einem kurzen „Wahlprotokoll" schriftlich festgehalten. Und natürlich darf auch eine „Wahlparty", zu der die ganze Gruppe etwas beiträgt, nicht fehlen.

Die gewählten Kinder erhalten von der Gruppe regelmäßig Aufträge, die Gruppeninteressen wahrzunehmen und müssen über ihre Aktivitäten berichten.

7 Ein Flugblatt für die Mitbestimmung

Damit das Kinderrecht auf „Mitbestimmung" in der Öffentlichkeit bekannter wird, soll eine Flugblatt gestaltet werden. Die Gruppe soll einen möglichst überzeugenden und gleichzeitig fetzigen Entwurf – Slogan, Text, Gestaltung – vorlegen.
Um möglichst viele kreative Einfälle zu entwickeln, teilt sich die Gruppe zunächst in Kleingruppen, die jeweils eigene Entwurfsskizzen erarbeiten.
Die fertigen Entwürfe werden anschließend im Plenum vorgestellt und diskutiert. Welches ist der Beste? Wie kann er verwirklicht werden?

8 Briefe an die Zeitung schreiben

Die Kinder lesen regelmäßig die regionale Tageszeitung. Das Abonnement wird auf Anfrage sicher gerne von der Redaktion gesponsert. Die Kinder teilen unter sich auf, wer was wann liest. Besonders interessante und/oder für die Kinder besonders bedeutsame Informationen werden am Schwarzen Brett der Gruppe ausgehängt, im Morgenkreis oder in der „aktuellen Stunde" vorgelesen und besprochen. Solche Themen werden z.B. sein: Beschlüsse der Stadtverwaltung über Schulbauten, über verkehrsberuhigte Zonen, über eine geplante Mittelkürzung für die Stadtbibliothek, verdreckte Spielplätze, Änderungen des Schulgesetzes durch das Kultusministerium, Maßnahmen gegen Gewalt und Rassismus, Klimakatastrophen u.Ä.

Die Kinder formulieren ihre negative oder positive Kritik, eigene Vorschläge u.Ä. in Briefen an die Zeitung. Gegebenenfalls senden sie diese Briefe zusätzlich direkt an die für ein Ereignis oder eine Maßnahme Verantwortlichen. Bevor ein Brief abgeschickt wird, kann erst einmal geübt werden. Am 21.08.1997 stand in der Frankfurter Rundschau beispielsweise folgende Notiz:

Mit Chip gegen Schwänzer

AMSTERDAM (dpa). Eine Chipkarte soll Schülern in Amsterdam das Schwänzen künftig unmöglich machen. In zwei Berufsschulen der Stadt müssen nach einem Bericht der Tageszeitung Trouw die Jugendlichen im neuen Schuljahr ihre persönliche Chipkarte vor einen Sensor halten. Der Computer registriert so die Anwesenheit. Wer innerhalb von 15 Minuten nach dem Läuten nicht in der Klasse ist, wird sofort zu Hause angerufen.

Was hält die Gruppe von dieser Nachricht? Sie nimmt dazu z.B. wie folgt Stellung:

Sehr geehrte/r …

Die Nachricht aus Amsterdam finden wir wirklich ärgerlich. Ehe man einen Chip zur stärkeren Kontrolle einführt, sollte man doch die Jugendlichen erst mal fragen, warum sie schwänzen. Wir finden es nicht richtig, dass Jugendliche immer so dargestellt werden, als wären sie faul. Wir laden Sie gerne in unsere Gruppe ein, damit Sie sich mal vom Gegenteil überzeugen können.

Mit freundlichen Grüßen

....

Zwischen dem Erscheinungsdatum des Zeitungsberichts und dem Brief sollte möglichst wenig Zeit vergangen sein. Je aktueller und kürzer der Brief ist, desto größer ist die Wahrscheinlichkeit, dass er auch berücksichtigt und vielleicht sogar veröffentlicht wird.

Natürlich muss jeder Brief mit einem Absender, Namen und Adresse versehen sein. Die Kinder bitten jeweils um Antwort. Diese wird wiederum in der Gruppe gelesen und diskutiert. Je nachdem, wie sie ausfällt, werden weitere Briefe geschrieben, Aktionen geplant u.Ä. Die Gruppe sollte auch nachhaken, wenn keine Antwort kommt.

9 Am Kinderparlament teilnehmen

In einigen Gemeinden gibt es bereits Kinder- und/oder Jugendparlamente – in Analogie zu den Erwachsenen-Parlamenten. Kinder und/oder Jugendliche wählen ihre Abgeordneten und delegieren sie ins Parlament. Im Allgemeinen sind alle Kinder oder Jugendlichen, die in einer Gemeinde leben, wahlberechtigt. In der Praxis wird das allerdings oft eingeschränkt auf bestimmte Altersgruppen bzw. die Wahl wird den Schulen des Ortes übertragen. Dort werden nicht selten nur die so genannten „Elite-Kinder" aufgefordert, sich wählen zu lassen. Auch die Arbeit in den Kinderparlamenten ist nicht immer motivierend. Die erwachsenen Strukturen „passen" schlecht zu Kindern, die Einflussmöglichkeiten der Kinderparlamente sind beschränkt. Das könnte sich verändern, wenn mehr Kinder sich aktiv beteiligen, ihr Recht auf Mitbestimmung besser kennen und offensiver einfordern würden.

- Alle Gruppenmitglieder sollten ermutigt werden, sich für die Parlamentsarbeit zu interessieren. Mitbestimmung ist ein Recht für alle, nicht nur für besonders Schlaue oder besonders Eloquente.
- Die Gruppe besucht gemeinsam die Sitzung eines Kinderparlaments, am Wohnort oder in der Nachbarschaft.

- Sie lädt Abgeordnete aus einem Kinderparlament ein und befragt sie nach ihren Erfahrungen.
- Wenn es am Wohnort noch kein Kinderparlament gibt, regt die Gruppe die Gründung an.
- Sie lädt Politikerinnen und Politiker aller Parteien ein, um mit ihnen über Mitbestimmung von Kindern zu sprechen.
- Sie macht konkrete Vorschläge, nicht nur zur Mitbestimmung, sondern auch zur Mitarbeit.

10 Eine Aktion machen

Viele Geschehnisse in ihrem Umfeld gehen Kinder etwas an. Bei vielen haben sie das Bedürfnis, etwas zu unternehmen und sich einzumischen. Besonders groß ist ihre Betroffenheit, wenn es um Tiere oder die Umwelt oder um andere Kinder geht.

Als Einstieg in die Mitbestimmung empfiehlt es sich, zunächst mit „kleinen" Aktionen im direkten Umfeld Erfahrungen zu sammeln. Die Wahrscheinlichkeit, kurzfristig Rückmeldungen zu erhalten und – wenigstens in Teilbereichen – erfolgreich zu sein, ist hier besonders groß. Anfangserfolge sind wichtig, damit die Kinder Mut und Motivation für weitere Mitbestimmungsaktionen entwickeln.

Vor Beginn einer Aktion muss das Vorhaben strukturiert werden. Die Kinder sollten Fragen klären wie:

- Was wollen wir erreichen? Wie ist die Situation jetzt, was soll, was kann verändert werden? (Zur Bestandsaufnahme einen Erkundungsgang machen, eine Statistik erstellen, Betroffene befragen u.a.m.)

Kinder planen ihren Spielplatz

Wünsche aller Altersgruppen sollen berücksichtigt werden

OBERURSEL. Der Plan für den neuen Spielplatz auf der Stierstadter Heide steht. Schüler der Integrierten Gesamtschule Stierstadt (IGS) haben sich bei Kindern, Jugendlichen und Eltern umgehört und nach deren Wünschen nun ein Modell entworfen. Laut Stadtverwaltung wird dieses in den kommenden Wochen auf seine „architektonische und rechtliche Umsetzbarkeit geprüft" – schließlich müssten die Vorgaben der Spielplatz-Verordnung eingehalten werden. Mit dem Umbau soll noch im Sommer begonnen werden.

Über 1100 Fragebögen haben die Schüler der IGS Stierstadt ausgewertet. Gefragt haben sie darin, wie sich Kinder, Jugendliche und Erwachsene die Gestaltung der Spielfläche vorstellen. Die geäußerten Wünsche sind je nach Altersgruppe durchaus unterschiedlich. Die rund 90 befragten Kinder der benachbarten Kindergärten spielen am liebsten an Turngeräten, an der Schaukel oder am Karussell. Kinder, die die Grundschule besuchen, begeistern sich eher für Wasserspiele und Hängematten. Sportmöglichkeiten wie eine Halfpipe oder eine Spielfläche für Basket- und Volleyball wünschen sich dagegen die rund 700 befragten Jugendlichen.

Für Erwachsene sind ganz andere Dinge wichtig. Sauberkeit zum Beispiel. Die befragten Eltern wollen ihre Kinder vor allem vor Hunden geschützt wissen. Darüber hinaus steht ein Picknickplatz mit überdachten Sitzgelegenheiten bei ihnen hoch im Kurs. All diese Wünsche sollen bei der Anlage auf der Stierstadter Heide berücksichtigt werden. Am 27. April treffen sich die Schüler mit einer Architektin, um den Plan zu beraten.   pdi

- Wer ist für die Lösung unseres Problems zuständig? Wer ist Ansprechpartnerin oder Ansprechpartner für unsere Forderungen? (Gemeindeverwaltung, Politikerinnen oder Politiker, Industrieunternehmen u.a.m.)
- Wie können wir unser Ziel am besten erreichen? Wie viel Zeit brauchen wir? Brauchen wir zusätzlich Zeit zu unserer Gruppenstunde/unserem Unterricht? Wollen wir diese Zeit aufwänden? Welche konkrete Arbeit ist zu leisten? Wer kann welche Arbeit übernehmen?
- Wer kann uns ideell und/oder materiell unterstützen? Wem sollten wir unsere Ideen und Forderungen unterbreiten? (Eltern, Schulleitung, Kinderschutzbund, Kinderbüro u.a.m.)
- Wie wollen wir unsere Forderungen präsentieren? Wollen wir sie „öffentlich" machen? (Briefe schreiben, Besuch im Rathaus, Presseerklärung oder -konferenz, Info-Stand, Veranstaltung u.a.m.)

Nach Beendigung einer Aktion sollte auch eine Reflexion nicht fehlen:
- Was hat die Aktion gebracht? Haben wir unser Ziel erreicht? Wurde wenigstens ein Teil unserer Forderungen erfüllt? Wo müssen wir weitermachen? Was ist uns gut gelungen? Was ist uns nicht so gut gelungen? Was würden wir bei der nächsten Aktion anders machen?

11 Es kommt auf mich an

Wer bisher kaum Erfahrungen mit Mitbestimmung machen konnte, kann oft nicht so recht glauben, dass Mitwirken und Mitbestimmen tatsächlich etwas bewirken kann. Aber vielleicht gibt es ja doch etwas, was wichtig genug erscheint, um sich einzumischen?

Der Gruppe wird eine Liste mit vielen Mitwirkungs- und Mitbestimmungsmöglichkeiten vorgelegt. Die Aktivitäten sollten sich dabei auf die Gruppensituation beziehen. Beispiel:

- In der Gruppe eine Aufgabe übernehmen, z.B. regelmäßig für Ordnung im Gruppenraum sorgen
- Für das Amt der Gruppensprecherin oder des Gruppensprechers kandidieren
- In einem Ausschuss, z.B. zur Programmgestaltung der Gruppe mitarbeiten
- Eine Arbeitsgemeinschaft leiten
- Einen Artikel für die Schul- oder Verbandszeitung schreiben
- Bei der Schul- oder Verbandszeitung fest mitarbeiten
- Eine Patenschaft für neue Gruppenmitglieder übernehmen
- Sich für Konflikte in der Gruppe als Streitschlichterin oder Streitschlichter ausbilden lassen
- Eine Bürgerinitiative – z.B. zur Rettung eines Naturschutzgebietes – beteiligen
- Bei einer Unterschriftenaktion mitmachen

- An einer Demonstration teilnehmen
- Eine Abgeordnete oder einen Abgeordneten in deren Sprechstunde aufsuchen und ein Anliegen der Gruppe vortragen
- Eine Pressekonferenz einberufen
- Spenden für ein Hilfsprojekt sammeln
- An einem Jugendaustausch teilnehmen
- Sich an einem Kinder- oder Jugendparlament beteiligen

Jedes Gruppenmitglied bewertet jede Aktivität mit Farbpunkten

gelb = nicht so wichtig
blau = wichtig
rot   = sehr wichtig.

Gibt es bei einzelnen Aktivitäten eine Häufung von roten Punkten? Oder vielleicht von blauen Punkten? Was bedeuten diese Wertungen? Gibt es in diesen Bereichen schon Erfahrungen oder Aktivitäten? Was tun einzelne Gruppenmitglieder bereits? Was können sie tun? Was kann die Gruppe gemeinsam tun?

Die Gruppe fasst einen konkreten Beschluss, indem sie folgendes Protokoll ausfüllt und unterschreibt:

Was	Wer
Wann	
....	....
Datum	Unterschriften

📖 Kinderbücher

- Fuchs, Ursula: Sonntag ist Tina-Sonntag, Oetinger Hamburg, ab 6 Jahre
  Tina hat keine Lust, jeden Sonntag mit Mama und Papa spazieren zu gehen. Deshalb wird in der Familie beschlossen, das in Zukunft abwechselnd jedes Familienmitglied über das Sonntags-Programm bestimmen darf.
- Korczak, Janusz: König Hänschen I., dtv junior München, Jugendbuch
  Hänschen wird nach dem Tod seines Vaters König. Er ist noch ein Kind und wehrt sich gerade deshalb gegen festgefahrene Meinungen. Er holt Kinder in sein Parlament und lässt sie bestimmen.
- Kurtz, Marianne: Die Klassensprecherin, Ensslin im Arena-Verlag, ab 10 Jahre
  Eigentlich sollte es nur ein Jux sein: Die stille und schüchterne Sara wird zur Klassensprecherin gewählt. Doch alle haben sich in ihr getäuscht. Sara lässt sich nicht unterkriegen. Sie überwindet ihre Ängste und lernt, sich immer besser durchzusetzen.
- Winsemius, Dieuwke: Hilfe, mein Gefieder ist voll Öl!, dtv junior München, ab 10 Jahre
  Als Tinas Oma am Strand viele ölverschmierte Vögel findet, bringt Tina einen davon mit in die Schule. Ihre Klasse startet das „Unternehmen Trottellumme". Sie bringt die Tiere in die „Vogelarche" und kümmert sich auch um Futter und Geld für die Aktion.

6 Kinder haben das Recht auf Schutz vor Gewalt, Missbrauch und Ausbeutung

Könnten Kinder wählen, hieße das oberste Gebot: Keine Gewalt. Knapp die Hälfte der Mädchen und Jungen, die sich an der ersten bundesweiten „Kinderrechtswahl" beteiligt haben, die 1999 von verschiedenen Kinderrechtsorganisationen durchgeführt wurde, forderten, dass ihr Recht auf Schutz vor Gewalt auch tatsächlich berücksichtigt wird.

Von Gewalt betroffen sind Kinder in Deutschland in erster Linie in der eigenen Familie. Umfragen ergaben, dass noch 1997 siebzig bis achtzig Prozent aller Kinder physische Gewalt durch ihre Eltern erlebten, von der Ohrfeige bis hin zu Prügeln, wobei der Übergang vom gelegentlichen „Handausrutschen" bis hin zur eindeutigen Misshandlung fließend ist. Im Jahr 2000 wurden zwar das Recht auf gewaltfreie Erziehung und das Verbot körperlicher Bestrafungen und anderer verletzender Maßnahmen durch eine Änderung des § 1631, Abs. 2 des Bürgerlichen Gesetzbuchs (BGB) endlich ausdrücklich festgelegt, dennoch leiden auch weiterhin Kinder unter entwürdigenden Erziehungspraktiken. Eine Änderung von Gesetzen allein reicht eben nicht aus. Die praktische Verwirklichung einer gewaltfreien Erziehung erfordert einen Umdenkungsprozess in unserer Gesellschaft. Im gesellschaftlichen Bewusstsein muss sich die Überzeugung durchsetzen, dass körperlich strafende Erziehungsmaßnahmen der Gewalt zuzuordnen sind und Gewalt in der Erziehung prinzipiell indiskutabel und falsch ist. Die Einsicht muss sich durchsetzen: Wie Menschen friedlich und ohne Gewalt miteinander umgehen, wird von klein auf in der Familie erlebt und erlernt.

Kinder werden nicht nur geschlagen. Kinder jeglichen Alters erleiden auch Übergriffe sexueller Art. Für die Häufigkeit sexuellen Missbrauchs gibt es wegen der hohen Dunkelziffer keine genauen Zahlen. Schätzungen zufolge werden in Deutschland bis zu 300.000 Kinder jährlich sexuell missbraucht. Sexueller Missbrauch kommt – wie andere Formen von Gewalt – in allen Teilen der Bevölkerung vor und

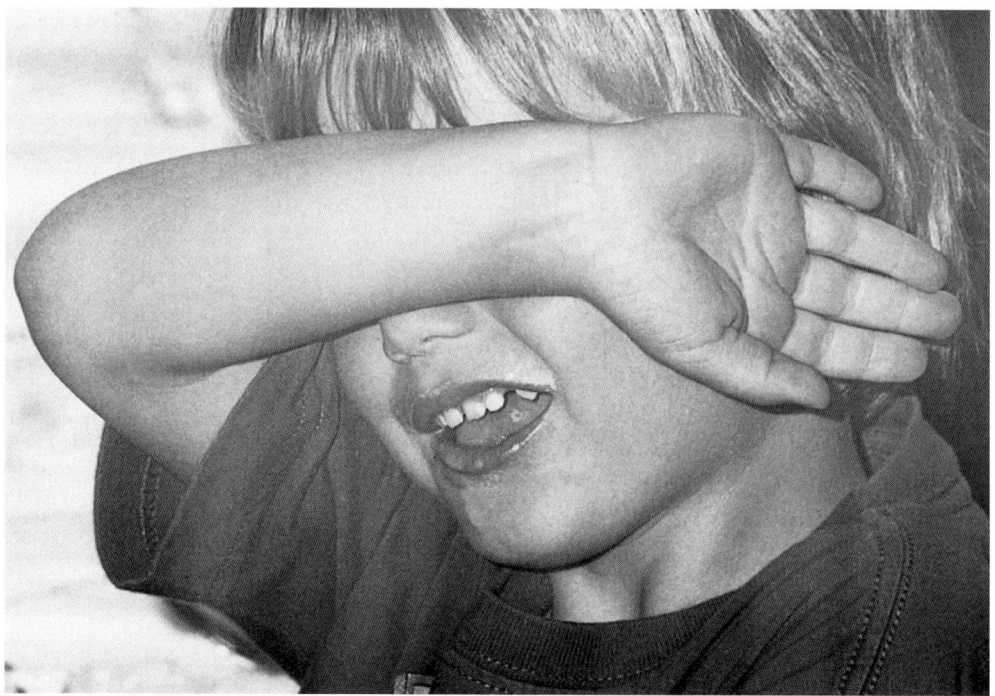

findet überwiegend in der eigenen Familie statt. Betroffen sind Mädchen und Jungen. Das Recht auf ein Leben ohne sexuellen Missbrauch und ohne sexuelle Ausbeutung stand übrigens an 2. Stelle der schon erwähnten Kinderrechtswahl.

Die überwiegende Mehrheit der Opfer von sexuellem Missbrauch haben in ihrer Familie auch körperliche Gewalt erlebt oder anders ausgedrückt: In Fällen körperlicher Gewalt wächst die Wahrscheinlichkeit gleichzeitig auch Opfer von sexuellem Missbrauch zu werden.

Es gibt einen Kreislauf der Gewalt: Der größte Teil der Eltern, die ihre Kinder massiv schlagen, hat in der Kindheit selbst Gewalt erlitten. Und Kinder, die in ihrer Familie Gewalt erleiden, sind eher gefährdet, sich selbst gewalttätig zu verhalten. Natürlich führt die Erfahrung elterlicher Gewalt nicht zwangsläufig zu eigener Gewalt und es gibt auch Kinder, die ohne Gewalt groß wurden und dennoch Gewalt ausüben. Die erlebte Gewalt in der Gesellschaft, im Schul- und Freizeitbereich, in den Medien u.a.m., aber auch die für viele Kinder und Jugendliche sich ergebende „No-Future-Situation" durch familiäre Armut, ein selektives Schulsystem, fehlende Ausbildungs- und Arbeitsplätze beeinflussen die eigene Gewaltbereitschaft.

📖 **Weitere Denkanstöße geben:**

- Bange, D./Deegener, Günther: Sexueller Missbrauch an Kindern. Ausmaß – Hintergründe – Folgen., Psychologie Verlags Union, Weinheim 1996
- Deegener, Günther: Die Würde des Kindes. Plädoyer für eine Erziehung ohne Gewalt, Beltz, Weinheim und Basel 2000

1 Schimpfwörter

Nicht nur durch körperliche Gewalt kann man verletzen oder verletzt werden. Auch mit Wörtern kann man Gewalt ausüben und anderen weh tun. Häufig bleibt es auch nicht bei Beschimpfungen und Beleidigungen. Sie sind oft nur der Anfang handgreiflicher Auseinandersetzungen.

Die Umgangssprache in Kindergruppen ist nicht immer vom Feinsten. Die Kinder sprechen darüber, welche Schimpfwörter bei ihnen einerseits üblich sind, durch die sie sich andererseits aber auch verletzt fühlen wie z.B.: Hurensohn, Scheißtussi u.Ä.

Warum benutzen sie solche Ausdrücke? Wissen sie, was sie einem anderen Kind damit antun? Wie fühlen sie sich, wenn ein anderes Kind so etwas zu ihnen sagt? Was tun sie? Weinen? Weglaufen? Zurückschreien? Schlagen? Was kann die Gruppe gemeinsam tun, damit der Umgangston „gewaltfreier" wird?

Die Gruppe kann z.B. beschließen:

- In Zukunft bemühen wir uns, höflich und respektvoll miteinander zu sprechen. Dieser Beschluss wird in die „Gruppenordnung" aufgenommen.
- Jedes Kind unterschreibt eine „Selbstverpflichtung": „Ich verpflichte mich, keine beleidigenden Schimpfwörter mehr zu benutzen." (Datum und Unterschrift).
- Die Gruppe kann auch einen gemeinsamen „Vertrag" auf Gegenseitigkeit abschließen, den alle unterschreiben.

Weitere Möglichkeiten:

- Die gängigen Schimpfwörter werden einzeln auf Zettel geschrieben, die dann in einem besonderen „Gift-Kästchen" weggeschlossen werden. Die Schimpfwörter stehen damit höchst anschaulich den Kindern nicht mehr zur Verfügung.
- Wer Regeln einführt, sollte von vornherein die Konsequenzen bei Regelverstößen festlegen, z.B. wer dennoch ein Schimpfwort benutzt, muss etwas für die Gemeinschaft tun.

Jede Regelung muss nach einer bestimmten Zeit überprüft werden. Hat sie den erwünschten Erfolg gebracht? Wenn nicht, was war schwierig? Was müsste verändert werden?

Wie sprechen Erwachsene mit Kindern? Welche Ausdrücke benutzen Erwachsene Kindern gegenüber, die die Kinder aber keinesfalls umgekehrt benutzen dürfen? Z.B.: Du Schlafmütze; Stell dich nicht so blöd an; Du bist mal wieder das Letzte …

Haben Erwachsene ein Recht, Kinder zu beleidigen?
Wie können Kinder Erwachsenen beibringen, dass sie ihnen gegenüber nicht beleidigend werden dürfen? Was haben die Kinder schon versucht? Was könnte helfen? z.B.:

- Mit den Erwachsenen sachlich und deutlich darüber sprechen
- Selbst besonders höflich Erwachsenen gegenüber sein
- Den Erwachsenen eine Szene in zwei Fassungen vorspielen, Erwachsene beleidigen Kinder, Kinder benutzen Erwachsenen gegenüber die gleichen Ausdrücke
- Die Erwachsenen auf die „Gruppenordnung" hinweisen

- Mit den Erwachsenen einen „Höflichkeitsvertrag" auf Gegenseitigkeit abschließen
- Einen Erwachsenen des Vertrauens zur Unterstützung einschalten
- Wenn alles nicht hilft: Alle Erwachsenensprüche auf einer öffentlichen Wandzeitung festhalten

2 Ein Klaps hat noch niemandem geschadet?

Erwachsene behaupten immer wieder, ein „Klaps" oder eine Ohrfeige wären manchmal einfach nötig, damit ein Kind macht, was es soll, z.B. wenn

- ein kleines Kind beim Krabbeln trotz Ermahnung immer wieder in die Steckdose fasst
- ein Kind beim Spielen ein anderes Kind schlägt, weil es dessen Spielzeug haben will.
- ein Kind – schon wieder – eine schlechte Arbeit geschrieben hat.

Die Kinder diskutieren an Hand der Beispiele:
- Was lernt ein Kind, wenn es geschlagen wird?
- Hilft Schlagen, damit ein Kind in Zukunft tut, was richtig wäre?
- Was würde tatsächlich helfen?

Beispiel:
Dass ein kleines Kind seine Umwelt, also auch die Steckdose, „begreift", gehört zu seiner natürlichen Eroberung der Welt. Durch Schlagen lernt das Kind, dass Wissbegier unerwünscht ist und wehtut – es wird in Zukunft weniger wissbegierig sein. Die einzig richtige Lösung ist: Die Steckdose mit einer Kindersicherung verschließen bis das Kind größer ist und das Verbot versteht.

Die Kinder sammeln weitere Beispiele des „alltäglichen Schlagens" aus ihrer eigenen Erfahrung und diskutieren sie. Sie sprechen darüber mit Erwachsenen. Sie erklären die Rechtssituation (Schlagen ist verboten!). Kennen die befragten Erwachsenen das Gesetz? Was sagen sie dazu? Werden sie sich daran halten? Die Gruppe kann die

Aussagen sammeln und daraus eine Dokumentation erstellen: „Ein Klaps hat noch niemandem geschadet?"

3 Gewalt spiegeln

Die Kinder sammeln typische (alltägliche?) „Gewalt-Szenen" zwischen Kindern und Erwachsenen, z.B. „Ein Kind zerbricht ein Glas – die Mutter scheuert ihm eine", „Ein Kind kommt zu spät nach Hause – der Vater verpasst ihm eine Tracht Prügel", „Ein Kind hat schon wieder eine Mathe-Arbeit „verhauen" – zu Hause wird es dann selbst verhauen" u.Ä.

Die Kinder spielen die Szenen zuerst wie sie sie erlebt haben. In einem zweiten Durchgang werden die Rollen getauscht: „Die Mutter zerbricht ein Glas – das Kind scheuert ihr eine", usw.
Wie fühlen sich die Kinder bei den ersten Szenen? Wie bei den zweiten?

Wenn die Kinder die Methode geübt haben, spielen sie vor den Eltern und anderen Erwachsenen. Es können auch Szenen gespielt werden, bei denen Erwachsene von ihren Vorgesetzten geschlagen werden: „Eine Sekretärin macht zum dritten Mal Fehler in einem Brief. Der Chef haut ihr ein paar runter." „Ein Lehrer kommt ständig zu spät zum Unterricht – der Schulleiter verprügelt ihn." Anschließend wird darüber gesprochen: Wie würden sich Erwachsene fühlen, wenn sie geschlagen würden? Würden sie sich das gefallen lassen? Warum schlagen sie dann Kinder?

4 Anti-Gewalt-Spiele

Kinder erleben oder befürchten immer wieder Gewaltsituationen und wissen nicht, wie sie sich helfen sollen. Die Gruppe sammelt solche Situationen und spielt sie anschließend im Rollenspiel durch. Dabei werden möglichst immer mehrere Lösungsmöglichkeiten versucht, auf die die Kinder dann im Ernstfall zurückgreifen können.

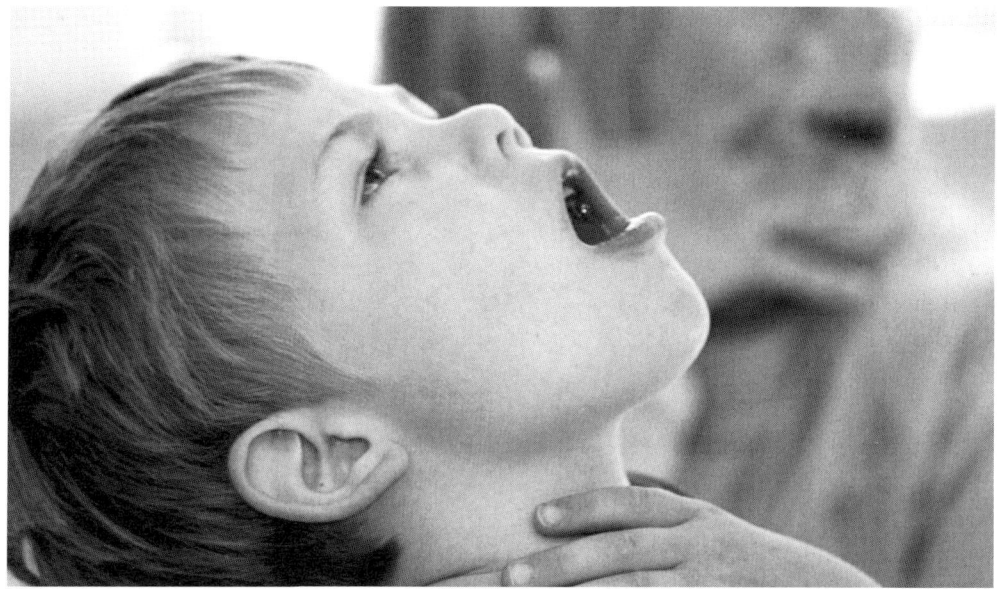

Solche alltäglichen Gewaltsituationen sind – bedauerlicherweise – z.B.:
- Ein Kind wird von einem anderen auf dem Schulhof immer wieder gehänselt und körperlich angegriffen.
- Ein Kind wird von einem anderen um Geld erpresst und bedroht: „Wehe, wenn du darüber sprichst, dann …!"
- Auf dem Heimweg tauchen plötzlich „Glatzen" auf …

Was könnten Kinder tun? Sie können z.B.:
- Gefahrensituationen vermeiden, indem sie einen anderen Schulweg wählen, nicht einzusehende Schulhofecken meiden u.Ä.
- nicht alleine bleiben, indem sie den Schulweg gemeinsam machen, Außenseiter ins Spiel einbeziehen u.Ä.
- laut schreien, pfeifen oder auf ähnlich laute Weise auf sich aufmerksam machen

- etwas Unerwartetes tun, z.B. ein Kind, von dem sie ständig gehänselt werden, zu sich nach Hause zum Spielen einladen
- über Gewalt nicht schweigen, sich Hilfe holen
- usw.

Die Kinder machen bei dieser Übung die Erfahrung:
- Niemand muss sich Gewalt gefallen lassen.
- Es ist wichtig, über Gewalt zu sprechen, damit sie aufhört.
- Gemeinsam kann man etwas gegen Gewalt tun.

5 Konflikte gewaltfrei lösen

Die Kinder erhalten ein Blatt mit bewährten „Konfliktlösungsstrategien":
- Aktiv zuhören: Die Meinung und die Gefühle der anderen Person anhören
- Aufschieben: Die Auseinandersetzung auf einen späteren Zeitpunkt vertagen
- Bedauern ausdrücken: Sagen, dass man die Situation bedauert, ohne die Schuld zu übernehmen
- Einen Kompromiss eingehen: Einen Teil aufgeben, damit man einen Rest von dem, was man möchte, bekommt
- Humor einsetzen: Die Situation einmal von der komischen Seite betrachten, die Situation leicht nehmen
- Sich abwechseln: Abwechselnd etwas mit einer anderen Person benutzen oder machen
- Teilen: Etwas zusammen mit einer anderen Person benutzen oder machen
- Das Problem lösen: Das Problem diskutieren und versuchen, eine beiderseits akzeptable Lösung zu finden

Die unterschiedlichen „Konfliktlösungsstrategien" werden gelesen, diskutiert und gegebenenfalls erklärt.

Die Kinder stellen sich nun Konfliktsituationen vor bzw. benutzen einen aktuellen Konflikt zwischen Gruppenmitgliedern und probieren die verschiedenen Strategien aus. Wie könnten die acht Strategien konkret gemacht werden? Welche haben sich für welchen Konflikt besonders bewährt?

6 Richtig streiten lernen

Streiten ist menschlich. Streit entsteht, wenn Menschen unterschiedlicher Meinung sind und unterschiedliche Interessen haben. Man kann nicht das Streiten abschaffen. Aber Streit sollte gewaltfrei ausgetragen werden. Wer gut miteinander auskommen will, muss richtig streiten lernen.
Nach einem Streit ist es nicht leicht, sich wieder zu vertragen. Jedes Kind – wie übrigens auch jeder Erwachsene – glaubt, dass es alleine im Recht ist. Meistens ist das aber so einfach nicht. Jedes Kind hatte ein bisschen recht.

Zum Konfliktlösen braucht man einen kühlen Kopf. Oft hilft es, erst einmal bis 100 zu zählen, 20 Kniebeugen zu machen, tief durchzuatmen, aufs Klo zu gehen oder etwas ähnlich Entspannendes zu tun. Auf jeden Fall müssen sich die am Streit Beteiligten erst mal wieder beruhigt haben. Der erste Zorn muss verraucht sein. Dann beantwortet jedes am Streit beteiligte Kind für sich:
- Mit wem habe ich gestritten?
- Was wollte ich erreichen?
- Was wollte die oder der andere erreichen?
- Was habe ich gesagt und/oder getan?
- Was hat die oder der andere gesagt/getan?
- Wie fühle ich mich jetzt?
- Wie könnte sich die/der andere jetzt fühlen?
- Was könnte ich tun, um den Streit zu beenden?
- Was könnte die oder der andere tun, um den Streit zu beenden?

Mit diesen Streitprotokollen setzen die Kinder sich wieder zusammen und beschließen eine Lösung. Meist wird das gelingen. Manchmal aber braucht man eine Vermittlerin oder einen Vermittler. Das kann ein anderes Kind sein, zu dem beide Vertrauen haben. Das kann aber auch der Gruppenrat sein.

Das Verfahren hilft, einen Streit zu versachlichen und ihn ohne Sieg oder Niederlage zu beenden. Niemand muss das Gesicht verlieren. Das Verfahren ist auch geeignet, Streit und Meinungsverschiedenheiten zwischen Kindern und Erwachsenen zu bearbeiten. Denn nicht nur Kinder, auch Erwachsene müssen lernen, sich zu beherrschen und eigene Anteile bei einem Streit kennen zu lernen.

7 Nein sagen

Kein Kind muss sich Beschimpfungen oder Berührungen, die es nicht mag, gefallen lassen. Bei Annäherungen, die ihnen unangenehm sind, haben Kinder das Recht, deutlich und bestimmt „Nein" zu sagen. Kinder müssen lernen, auf ihre Gefühle bewusst zu achten und Ablehnung eindeutig zu artikulieren.

Mit der folgenden Übung können Kinder unterschiedliche Ausdrucksformen für Zustimmung und Ablehnung ausprobieren. Die Kinder bilden Paare. Eines der Kinder drückt verbal und nonverbal „Ja" aus, das andere „Nein". Nach etwa zwei Minuten wird gewechselt. Wer bisher „Ja" gesagt hat, sagt jetzt „Nein" und umgekehrt. Nach weiteren zwei Minuten wird erneut gewechselt. Die Kinder suchen sich nun eine neue Partnerin oder einen neuen Partner. Es ist wichtig, dass sie nacheinander mit vielen verschiedenen Personen Erfahrungen machen können, kleineren und größeren Kindern, jüngeren und älteren, schwächeren und stärkeren, Mädchen und Jungen.

Eine weitere Variationsmöglichkeit ist: Die Kinder probieren unterschiedliche Ausdrucksqualitäten aus. Ihre Ablehnung soll nacheinander „verbindlich", „ängstlich", „schroff", „wütend", usw. sein.

Im abschließenden Auswertungsgespräch werden Fragen diskutiert wie

- Was fiel mir leichter, „Ja" oder „Nein" zu sagen?
- Wie habe ich mich bei „Ja", wie bei „Nein" gefühlt?
- Gab es Unterschiede mit verschiedenen Partnerinnen oder Partnern?
- Wie geht es mir in „Ernstsituationen"? Kann ich gut entscheiden, ob ich etwas will oder nicht?
- Kann ich deutlich und bestimmt ablehnen? Oder verhalte ich mich eher vage und undeutlich?

8 Grenzen setzen

Wir haben es im Allgemeinen nicht gerne, wenn uns andere zu nahe „auf die Pelle rücken". Menschen haben Grenzen, die niemand gegen ihren Willen überschreiten sollte. Diese Grenzen können wir meist körperlich spüren. Im Alltag kommen „Grenzüberschreitungen" aus verschiedenen Gründen vor, die wir vielleicht als unangenehm, nicht aber als bedrohlich empfinden, z.B. im vollbesetzten Bus oder im Kino. Manche „Grenzüberschreitungen" finden wir sogar angenehm, z.B. das Gedrängel bei einer Disco oder die enge Umarmung eines Menschen, den wir lieben. Es gibt aber auch Situationen, in denen uns ein Mensch ungefragt und unerwünscht zu nahe kommt. Mit folgender Übung können Kinder ihre körperlichen Grenzen „erfahren" und lernen, anderen deutlich zu sagen, dass sie nicht näher kommen sollen. Während einige Kinder üben, sollten andere beobachten.

Die Kinder bilden Paare. Die beiden Kinder eines Paares stellen sich ziemlich weit voneinander entfernt gegenüber auf. Das eine Kind behält seinen Platz, das andere kommt langsam näher. Das Kind, das stehen geblieben ist, passt genau auf, wann das andere zu nahe kommt und sagt deutlich „Stopp". Anschließend werden die Rollen getauscht.

Variationsmöglichkeiten sind:
- Die Paare werden nach bestimmten Vorgaben gebildet: Mädchen und Junge, ein kleines und ein großes Kind, ein körperlich schwächeres und ein starkes Kind.
- Zwei oder mehr Kinder gehen auf ein Kind zu.

Waren die Bedürfnisse nach Distanz bei allen Kindern gleich groß? Hat es einige überrascht, wie wenig Nähe bzw. wie viel Distanz sie wirklich wollen? Konnten alle ihr Bedürfnis eindeutig äußern? Wie verändert sich das Empfinden bei unterschiedlichen Konstellationen? Welche Vorteile hat es, sagen zu können, wie nahe ein anderer Mensch kommen darf? Kann ich mein Bedürfnis auch durch den Tonfall meiner Stimme ausdrücken? Gibt es Diskrepanzen zwischen dem Ausdruck meiner Mimik, meiner Gestik und meiner Stimme? Wie leicht fällt es mir wahrzunehmen, wie sich der oder die Andere in einer bestimmten Nähe zu mir fühlt? Wie eindeutig habe ich sein/ihr Verhalten erlebt?

9 Einen Pakt gegen Gewalt schließen

Gegen Gewalt kann eine Gruppe von Kindern oder Jugendlichen doch nichts aus-richten? Falsch. Sie kann nicht alle Gewalt in ihrer Umgebung verhindern. Aber sie kann Gewalt in ihrer Gruppe ächten. Alle Gruppenmitglieder können sich verpflich-ten, keine Gewalt auszuüben und sich überall gegen Gewalt einzusetzen. Und wenn das alle Kindergruppen dieser Welt täten, wären wir der Gewaltfreiheit schon ein gutes Stück näher …

Die Gruppe formuliert und beschließt ihr gruppeneigenes „Grundgesetz für Gewalt-freiheit", z.B.:
„Jedes Gruppenmitglied hat den gleichen menschlichen Wert. Wir achten uns gegen-seitig. Konflikte lösen wir gewaltfrei. Auch außerhalb unserer Gruppe setzen wir uns für ein gewaltfreies Zusammenleben aller Menschen ein."

Dieses „Grundgesetz" wird von allen unterschrieben. Von neuen Gruppenmitglieder wird die Unterschrift künftig gleich bei ihrer Aufnahme verlangt.

Wer etwas Besonderes tut, braucht Lob und Anerkennung. Deshalb veranstaltet die Gruppe zweimal im Jahr ein „Friedensfest". Dabei wird z.B. die Verpflichtung auf das „Grundgesetz" erneuert, es werden Spiele ohne Sieg und Niederlage gespielt, andere Gruppen, die vielleicht sonst eher ausgeschlossen sind, werden eingeladen u.Ä.

Die Gruppe kann sich bereits bestehenden Aktionen zur Gewaltfreiheit anschließen, wie „Schule ohne Rassismus". Die Idee wurde bereits 1988 von Schülerinnen und Schülern für andere Schülerinnen und Schüler in Antwerpen/Belgien geboren. Mitt-lerweile haben sich auch viele deutsche Schulen dem Projekt angeschlossen. In einer Schule verpflichten sich (möglichst) alle, mindestens aber 70% Demokratie zu leben und regelmäßig Aktionen gegen Rassismus und Diskriminierung durchzuführen.

> 📖 **Nähere Infos gibt es bei:**
>
> Schule Ohne Rassismus – Bundeskoordination Deutschland,
> Aktion COURAGE-SOS Rassismus e.V., Postfach 2644, 53016 Bonn,
> Tel.: 0228-213061, Fax: 0228-262978, Internet: www.aktioncourage.org,
> E-Mail: info@aktioncourage.org.

10 Mein Körper gehört mir

Sexueller Missbrauch gehört zum Alltag vieler Mädchen und Jungen. Häufig findet er in der eigenen Familie im nahen sozialen Umfeld des Kindes statt. Das Thema muss zurückhaltend, aber ohne Tabu behandelt werden. Es ist wichtig, Kinder zu ermutigen, Angst-, Ohnmachts- oder Schuldgefühle zu überwinden, sich Menschen anzuvertrauen und Hilfe einzufordern. „Nein" zu sagen reicht bei sexuellem Missbrauch im Allgemeinen nicht aus. Es ist nicht die Schuld der Kinder, wenn sie sich nicht wehren können. Es ist die Verantwortung des Erwachsenen, ein Kind nicht zu missbrauchen. Eine behutsame Herangehensweise ist über das Vorlesen bzw. gemeinsame Lesen von Texten, in denen sexueller Missbrauch literarisch aufgearbeitet wird, möglich. Hierfür gibt es in der Kinder- und Jugendliteratur zahlreiche Texte für jede Altersgruppe, vom Vorschulkind bis zum Jugendlichen.

Die Texte erlauben den Kindern, ihre eigenen Gefühle, Ängste, Erfahrungen zuzulassen und vielleicht auch darüber zu reden. Es geht darum, Kinder zu stärken, ihre Gefühle wahrzunehmen und ihren Gefühlen zu trauen. Die Kinder können die Erfahrung machen:
- Meine Gefühle sind richtig, ich bin richtig.
- Es geht auch anderen wir mir.
- Es ist nicht meine Schuld.
- Ich habe ein Recht mich zu wehren.
- Es gibt Hilfe.

11 Wer hilft bei Gewalt?

Es ist für Kinder nicht leicht, sich bei Gewalt oder Missbrauch anderen anzuvertrauen und Hilfe zu suchen – besonders dann nicht, wenn es um die eigenen Eltern, Verwandte oder andere enge Bezugspersonen geht. Oft wissen Kinder einfach auch nicht, dass es Hilfe gibt und an wen sie sich wenden können, wenn sie selbst oder andere Kinder betroffen sind.

Überall gibt es Anlaufstellen für Kinder in Not.
Die Gruppe erkundet diese Stellen in ihrer Gemeinde, in ihrem Stadtteil und stellt eine Hilfe-Liste zusammen, mit Telefonnummern, Adressen, Sprechzeiten, evtl. auch Namen der Ansprechpartnerinnen oder -partner. Diese Liste wird im Gruppenraum ausgelegt oder ausgehängt. Sie muss regelmäßig aktualisiert werden.

Informationen über Hilfsangebote geben z.B.
- die Orts- oder Stadtverwaltung
- das Jugendamt
- Kirchengemeinden
- Kinder- und Jugendberatungsstellen
- Kinderschutzbund
- Kindersorgentelefone
- usw.

Telefonnummern finden sich im örtlichen Telefonbuch. Informationen enthalten auch die regionalen Tageszeitungen. Telefonnummern und andere Angebote müssen in jedem Fall auf

> Eine überwältigende Mehrheit hält nichts von antiautoritärer Erziehung. In einer Umfrage des Bielefelder Emnid-Instituts vertraten 79 Prozent die Meinung, dass Kinder in den vergangenen zehn Jahren „eher zu liberal" erzogen worden sind. Nur fünf Prozent meinten, die Erziehung sei im vergangenen Jahrzent „zu streng" gewesen. Weiter ergab die Umfrage, dass **Schläge als Erziehungsinstrument** von Vätern und Müttern auch heute noch weithin akzeptiert werden. Nur 19 Prozent sind der Meinung, dass „jede körperliche Züchtigung strikt zu vermeiden" ist. (dpa)

Aktualität überprüft werden (anrufen, Infos anfordern), ehe sie in eine „Hilfe-Liste" aufgenommen werden. Die verschiedenen Beratungsstellen können gemeinsam besucht werden. Dadurch verringert sich die Schwellenangst im Ernstfall.

Die Kinder können unterschiedliche „Not-Situationen" durchspielen und überlegen, an welche Personen/Stellen sie sich im Ernstfall wenden können, z.B.

- Ein Kind will nicht mehr nach Hause gehen.
- Ein Kind möchte in jedem Fall zu Hause bleiben, möchte aber, dass Vater oder Mutter aufhören zu schlagen.
- Ein Kind möchte nicht mit dem Freund der Mutter alleine in der Wohnung bleiben, wenn die Mutter demnächst ins Krankenhaus muss, weil der immer „so komisch" ist.

📖 Kinderbücher

- Blobel, Brigitte: Herzsprung, aare Frankfurt/M. und Aarau, ab 14 Jahre
  Nina lebt nach außen hin in der perfekten Familie. Doch für Nina stimmt das nicht. Sie trägt schwer an einem Geheimnis, von dem niemand etwas ahnt – Nina wurde von ihrem Stiefvater sexuell missbraucht. Kurz vor ihrem 15. Geburtstag steht sie vor der Entscheidung, ihr Geheimnis preiszugeben: Sie ist das erste Mal verliebt. In langen Gesprächen mit Flo, ihrem Freund, beginnt Nina, ihre tiefe Verwundung anzunehmen.
- Degener, Volker W.: Geht's uns was an?, rororo rotfuchs Reinbek, ab 10 Jahren
  Markus wohnt in einem Hochhaus. Bertram, der im selben Haus wohnt, wird regelmäßig von seinen Eltern verprügelt. Jeder im Haus weiß es, doch niemand tut etwas, bis es fast zu spät ist.
- Fretheim, Tor: Tanz in die Hölle, dtv pocket, München, ab 14 Jahre
  Der 12-jährige Espen wird von seinem Vater immer wieder brutal geschlagen. Trotz seiner körperlicher und seelischer Narben will er ihn aber nicht bloß stellen und zieht sich immer mehr in sich selbst zurück.
- Härtling, Peter: Theo haut ab, Beltz & Gelberg, ab 8 Jahre
  Theo hat seine Eltern lieb. Trotzdem ist es manchmal schwer mit ihnen, wenn sie sich streiten oder der Vater getrunken hat und zuschlägt. Dann will er einfach nicht mehr zu Hause sein. Und eines Tages haut Theo ab …

7 Kinder haben das Recht, sich alle Informationen zu beschaffen, die sie brauchen, und ihre eigene Meinung zu verbreiten

Ihr Recht, sich alle notwendigen Informationen zu beschaffen und die eigene Meinung zu verbreiten, wird nach den Erfahrungen der Kinder häufig verweigert. Bei der Kinderrechtswahl 1999 wurde es an dritter Stelle genannt.

Um eine eigene Meinung verbreiten zu können, müssen Kinder erst lernen, sich eine eigene Meinung zu bilden und dazu müssen ihnen die erforderlichen Informationen zugänglich sein.

Der Zugang zu relevanten Informationen ist – obgleich wir im Medienzeitalter leben – für Kinder schwierig:

- Kinder haben zwar vordergründig Zugang zu Informationen, aber kaum zu den relevanten Informationen, die ihr Leben bestimmen, z.B. zu Gesetzentwürfen, Etatverhandlungen u.Ä.
- Entscheidende Informationen sind im Allgemeinen in einer Sprache abgefasst, die Kinder nicht verstehen.
- Die meisten Informationen sind Kindern nicht direkt zugänglich, sondern vermittelt durch Erwachsene. Ob und welche Tageszeitung abonniert, welches Fernsehprogramm gesehen wird, bestimmen z.B. die Eltern. Hier stehen die Kinderrechte den Rechten der Erwachsenen entgegen.
- Viele Informationen sind nicht kostenfrei zugänglich. Zeitungen, Bücher, Radio, Fernsehen, Internet u.Ä. kosten Geld. Selbst die öffentliche Bibliothek ist nicht immer kostenfrei.
- Kindermedien sind nur selten aktuell informierend. So gibt es nur in wenigen Medien Kindernachrichten und das auch nur in großen Abständen.
- Informationen für Kinder werden von Erwachsenen ausgewählt. Sie entscheiden, was für Kinder „wichtig" bzw. für sie „geeignet" ist.

Ein gutes Beispiel für die unbefriedigende Gewährung des Rechts auf Information sind die Kinderrechte selbst. Mit der Ratifizierung der UN-Kinderrechtskonvention hat die Bundesrepublik Deutschland auch Teil 2, Artikel 42, unterschrieben: „Die Vertragsstaaten verpflichten sich, die Grundsätze und Bestimmungen des Übereinkommens durch geeignete und wirksame Maßnahmen bei Erwachsenen und auch bei Kindern allgemein bekannt zu machen." Tatsächlich aber sind bis heute, ca. 10 Jahre später, vielen Erwachsenen und Kindern die Kinderrechte nicht bekannt und die Bemühungen zu ihrer Bekanntmachung halten sich in Grenzen. Kinderrechte stehen z.B. nicht zwingend auf dem Lehrplan der verschiedenen Schulstufen und -formen. Es bleibt den Schulen überlassen, ob sie darüber informieren – und natürlich auch, ob sie die Kinderrechte im Schulalltag durchsetzen. In der Pflicht sind aber auch alle anderen Institutionen, in denen Kinder gemeinsam leben und lernen. Zum Kennenlernen der Kinderrechte und ihrer Bedeutung im ganz normalen Kinderalltag gibt es bisher wenig brauchbares Material und noch weniger methodische Anregungen. Dieses Buch will dabei eine Lücke schließen.

> 📖 **Weitere Denkanstöße gibt:**
> Fesenfeld, Bergit: Presse- und Öffentlichkeitsarbeit für Kinderrechte
> Verlag an der Ruhr, Mülheim/Ruhr 1997

1 Informationsmedien

Viele Kinder beziehen ihre Informationen nur aus dem Fernsehen und vielleicht noch aus dem Computer. Es gibt aber weitaus mehr Möglichkeiten, sich zu informieren. Welche findet die Gruppe?
Weitere Möglichkeiten sind z.B. Tageszeitung, Wochenzeitung, Zeitschrift, Museum, Buch, Ausstellung, Vortrag, Radio …
- Welche der Medien kennen die Kinder?
- Welche können sie gemeinsam kennen lernen?
- Welche sind zur Information über welche Themen besonders geeignet?

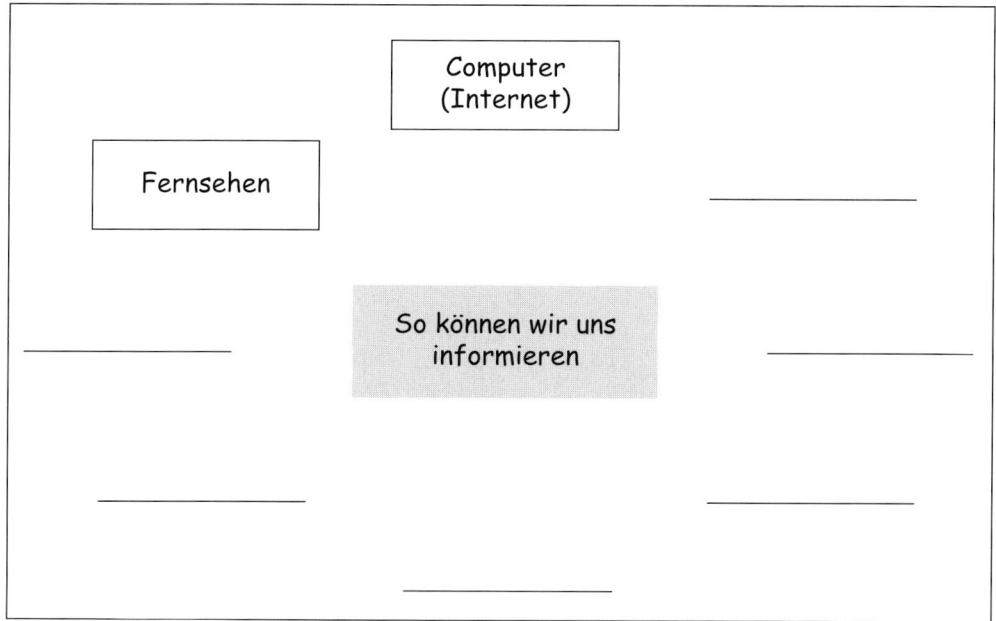

2 Sich informieren lernen

Vom Recht auf Information können Kinder erst Gebrauch machen, wenn sie gelernt haben, wie sie sich informieren können und wo was zu erfahren ist:

Zunächst notieren die Kinder auf Zetteln – pro Zettel eine Sache – Situationen, Personen, Sachverhalte, Begriffe, von denen sie nicht genau wissen, was sie bedeuten. Die Zettel werden von allen gelesen und Duplikate aussortiert. Fragen, die sofort aus der Gruppe beantwortet werden können, werden geklärt. Auf einer Wandzeitung werden drei Spalten eingerichtet „Was will ich wissen?" – „Wer könnte mir weiterhelfen?" – „Wie könnte ich die Information bekommen?" Die offenen Fragen werden untereinander in die linke Spalte geheftet. Nach und nach werden die rechten Spalten ausgefüllt, bis alle Fragen entsprechend einer Prioritätenliste abgearbeitet sind. Diese Strategie der Informationsbeschaffung kann ausgebaut werden, indem die Kinder zukünftig an einer zentralen Pinnwand alle Fragen anheften und andere ihr Wissen anbieten.

Was?	Wer?	Wie?
(ein Fremdwort)	Silvia und Jens	schauen im Lexikon nach und kopieren die Definition
(eine Musikrichtung)	Sam	bringt Video mit
(ein Rechtsproblem)	Gruppensprecherin	lädt Mitarbeiter vom Kinderbüro in die Gruppe ein

3 Interviews und Meinungsumfragen machen

Wer etwas wissen will, muss fragen lernen. Bevor man etwas fragt, muss man sich aber erst mal selbst Gedanken zum Thema gemacht haben. Man muss wissen, worauf es dabei ankommt, welches die wichtigsten Aspekte sind. Je nach Fragetyp, der verwendet werden soll, muss man sich im Vorhinein auch schon Gedanken über die möglichen Antworten machen.

Die Kinder lernen die unterschiedlichen Fragetypen und ihre Vor- und Nachteile kennen:
- „Ja-/Nein-Fragen" sind einfach auszuwerten, geben aber wenig Informationen.
- „Geschlossene Fragen", bei denen aus vorgegebenen Antworten ausgewählt werden muss, sind ebenfalls ziemlich einfach auszuwerten. Die zur Auswahl gegebenen Antworten müssen aber gut überlegt werden.

- „Offene Fragen" können die Befragten zum „Labern" verführen und machen viel Arbeit beim Auswerten. Sie können gar keine oder aber viele Informationen bringen und vielleicht sogar neue Perspektiven zum Thema eröffnen.

Vor einem Interview sind folgende Arbeitsschritte zu bewältigen:
- Zielsetzung festlegen; klären, wer befragt werden soll (Kinder, Erwachsene, Angehörige einer bestimmten Berufsgruppe o. Ä.)
- Sich für einen Fragetyp entscheiden, Fragen formulieren
- Einleitung und Schluss überlegen und üben
- Nachfragen für unverständliche oder unklare Antworten üben
- Notizen machen üben
- Umgang mit Rekorder üben

Für die Auswertung gibt es je nach Fragetyp unterschiedliche Möglichkeiten, z.B.:
- Einfache Säulendiagramme bei „Ja-/Nein-Fragen"
- Tabellen und Statistiken bei „geschlossen Fragen" – die dann mit „offiziellen" Statistiken verglichen werden können
- Einzelfalldarstellungen bei „offenen Fragen".

Die Ergebnisse werden in der Gruppe diskutiert. Haben wir etwas Neues erfahren? Was ist besonders wichtig? Was kann, was muss an Verantwortliche, an die Öffentlichkeit weitergegeben werden? Was muss dabei beachtet werden? Bei der Weitergabe von Daten muss z.B. die Anonymität der Befragten gewahrt bleiben oder ihr Einverständnis eingeholt werden.

4 Sich eine Meinung bilden

Um sich eine eigene Meinung zu bilden ist es wichtig, auch andere Meinungen kennen zu lernen und sich mit ihnen auseinander zu setzen. Hierzu gibt es unterschiedliche Methoden, die in der Gruppe eingeübt bzw. genutzt werden können, z.B.:

● Kreisgespräche

Im Sitzkreis werden alle Gruppenangelegenheiten besprochen. Die Gesprächsleitung liegt reihum bei den Kindern. Jedes Kind hat Rederecht und darf ausreden. Die Redezeit pro Beitrag kann allerdings begrenzt werden. Die wichtigsten Ergebnisse werden in einem kurzen Protokoll festgehalten.

● Verdopplung

Die Kinder diskutieren ein Thema zunächst in Paaren, dann, indem sich jeweils zwei Paare zusammenschließen, in Vierergruppen, dann in Gruppen zu acht usw., bis die ganze Gruppe gemeinsam im Gespräch ist.

● Fish-Bowl

In der Gruppe stehen unterschiedliche Meinungen zur Diskussion. Je ein Mitglied jeder Meinungsgruppe sitzt in der Mitte, im sog. „Fish-Bowl", und vertritt die Meinung seiner Gruppe. Außerdem gibt es dort einen freien Stuhl. Alle anderen Gruppenmitglieder sitzen rundherum und hören zu. Von ihnen kann jeweils ein Kind auf dem freien Stuhl Platz nehmen und für eine kurze Zeit mitdiskutieren. Hat es seine Argumente eingebracht, macht es wieder Platz für ein anderes Kind.

● Meinungswand

Das Thema, um das es geht, wird auf eine große Wandzeitung geschrieben. Die Kinder haben z.B. eine Woche lang Zeit, ihre Meinungen einzutragen. Dabei können sie auch auf das reagieren, was vorher eingetragen wurde. So kann bereits auf dem Papier ein „Meinungsaustausch" beginnen. Zum Schluss wird die Wandzeitung gemeinsam ausgewertet.

● Pro- und Kontra-Diskussion

Wird ein Thema kontrovers diskutiert, können sich aus der Gruppe „Fachleute" für eine der beiden Meinungen herausbilden oder es werden „Fachleute" von außen eingeladen. Sie tragen ihre Standpunkte möglichst überzeugend vor. Die Zeit für jeden Redebeitrag sollte auf 5 bis 10 Minuten begrenzt werden. Anschließend diskutiert die Gruppe über die unterschiedlichen Standpunkte. Jedes Gruppenmitglied kann sich im Laufe der Diskussion eine eigene Meinung bilden.

5 Nonsensdebatte

Die eigene Meinung zu äußern ist leichter gesagt als getan. Was soll man sagen, wie soll man es sagen? Viele Kinder – und auch Erwachsene – scheuen sich offen auszusprechen, was sie denken.

Die eigene Meinung zu sagen kann man lernen. Dabei darf es ruhig lustig zugehen. Die Übungsthemen müssen nicht ganz ernst gemeint sein. Das lockert auf und mindert die Erwartungsangst vor einer Stellungnahme, besonders wenn diese „öffentlich" erfolgen soll.

Zuerst schreibt jedes Gruppenmitglied ein „Nonsensrecht" auf einen Zettel, wie z.B. das „Recht auf Himbeereis zum Frühstück" oder das „Recht auf ungewaschene Socken". Die Zettel werden gemischt und jedes Kind zieht blind einen der Zettel. Nach einer kurzen Vorbereitungszeit hält es eine möglichst überzeugende 3-Minuten-Rede für „sein" Recht.

Im nächsten Schritt übt die Gruppe, ein solches „Nonsensrecht" von den jeweils Zuständigen (Lehrkräfte, Eltern o.a.) einzufordern. Hier sollte es schon um Rechte gehen, die in der Gruppe tatsächlich ein Thema sind. Die Kinder fordern z.B.
- das Recht auf Verweigerung der Hausaufgaben
- das Recht auf längeres Aufbleiben als die Eltern
- das Recht auf einen eigenen Schlüssel für den Gruppenraum
- u.Ä.

Für die Nonsensdebatte teilt sich die Gruppe. Die eine Hälfte diskutiert, die andere beobachtet. Die diskutierende Hälfte entscheidet, wer die Kinder darstellt, die das Recht einfordern und wer diejenigen spielt, von denen es eingefordert wird. Die Beobachtungsgruppe einigt sich auf Beobachtungskategorien, wie z.B.:
- Wie argumentieren die Einzelnen?
- Gehen sie aufeinander ein?
- Welche Argumente können überzeugen?

- Ist die Argumentation logisch aufgebaut?
- Ist die Wortwahl sachlich?
- u.a.m.

Im Abschlussgespräch werden die Erfahrungen und Erkenntnisse der spielenden und der beobachtenden Gruppe ausgetauscht.

Nach mehreren „Nonsensdebatten" kann das Gelernte mit „echten" Themen geübt werden:
Die Gruppe fordert z.B. von einem Lehrer das „Recht, die eigene Meinung zu verbreiten" oder von Gruppenleiterin oder -leiter das „Recht, über den Gesamtetat und Haushaltsplan des Verbandes, zu dem die Gruppe gehört, informiert zu werden".

6 Denen sag ich mal die Meinung

Stellungnahmen zu einem Sachverhalt oder ein Meinungsaustausch sollten dazu führen, dass eine als unbefriedigend erlebte Situation besser wird. Deshalb muss besonders auf konstruktive Wortwahl und Gesprächsführung geachtet werden.

Grundregeln, vom Recht auf die eigene Meinung konstruktiv Gebrauch zu machen, sind
- Sachlich bleiben („Das war unklar" nicht „Du bist zu dumm zum Erklären …")
- Konkret bleiben („Heute hat Herr M. Klaus angebrüllt" nicht „Immer brüllt Herr M. die Kinder an …")
- Von sich selbst sprechen („Ich finde …" nicht „Du bist …")

Die eigene Meinung konstruktiv mitzuteilen, kann „klein anfangen":
Im Gruppenraum wird ein „Stimmungsthermometer" aufgehängt. Je nach Zustimmung zu einer Arbeitssequenz oder zum Ablauf einer Gruppen- oder Unterrichtsstunde markiert jedes Kind die seiner Meinung entsprechende Temperatur mit einem Klebepunkt. Die Häufung der Punkte zeigt das Klima: Hat das Thema, die Situation die Kinder eher „kalt gelassen" oder „heiss gemacht"?

Ähnlich funktioniert ein „Stimmungsbarometer": Auf ein Wandplakat werden Wettersymbole gezeichnet oder geklebt: eine Sonne, eine Wolke vor der Sonne, nur Wolken, Regen, Gewitter, usw. Auch hier werden die Meinungen wieder durch Klebepunkte markiert. Das Klassenklima wird so auf einen Blick deutlich.

Der eigene Standpunkt kann auch wie folgt veranschaulicht werden: Ein Gegenstand auf dem Fußboden symbolisiert das Problem, zu dem die Kinder ihre Meinung sagen sollen. Sie beziehen im wahrsten Sinne des Wortes „Stellung", indem sie sich auf einer Linie so dicht oder so weit entfernt von dem Gegenstand aufstellen, wie es ihrem Standpunkt entspricht.

Die beschriebenen nonverbalen Verfahren können als Momentaufnahmen verwendet werden. Um dem Recht auf Meinungsäußerung Genüge zu tun, brauchen sie aber, besonders bei „aufziehenden Wolken" eine Nachbesprechung. Wie begründen die Kinder jeweils ihre Meinung? Was müsste passieren, damit wieder „die Sonne scheint"?

Schon ein bisschen anspruchsvoller sind Methoden wie folgende:

Die Gruppe führt ein „rotierendes Tagebuch". In bestimmten Zeitabständen, z.B. alle 15 Minuten, wird die Arbeit unterbrochen. Die Kinder schreiben auf und bewerten, was ihnen bisher wichtig war. Dann wird das Blatt weitergegeben. Am Ende der Gruppen- oder Unterrichtsstunde wird das „rotierende Tagebuch" gemeinsam ausgewertet.

Die Gruppe sitzt im Kreis. Das Kind, dem „die Meinung gesagt" werden soll bzw. das um ein Feedback gebeten hat, sitzt mit seinem Stuhl in der Kreismitte. Es rutscht nach und nach vor das Kind, das etwas zu sagen hat bzw. etwas sagen soll. Dieses Kind darf auch negative Kritik äußern, muss dabei aber höflich und sachlich bleiben – sonst wird es sofort unterbrochen. Das Kind auf dem heißen Stuhl muss alle Kritik widerspruchslos anhören. Erst nach Abschluss der Übung darf es selbst Stellung nehmen.

Auch die beschriebenen verbalen Verfahren brauchen eine Nachbesprechung. Wie begründen die Kinder hier ihre Meinung? Wie fühlten sie sich bei der „anonymen" Meinungsäußerung? Wie fühlten sie sich bei der „offenen" Meinungsäußerung? Wie fühlte sich das Kind auf dem „heißen Stuhl"? Welche Erfahrungen machen alle bei der Wahrnehmung ihres „Rechtes, die eigene Meinung zu sagen"?

7 Meinungsfreiheit

Kinder haben das Recht, ihre Meinung zu sagen. Aber wie jedes Recht hat auch das Recht auf Meinungsfreiheit dort seine Grenzen, wo die Rechte anderer verletzt werden. So gilt z.B.
- Man darf keine Behauptungen aufstellen, die nicht wahr sind.
- Man darf niemanden persönlich beleidigen.

- Man muss sachlich bleiben.
- Man sollte seine Meinung begründen können.
- Institutionen, Vereine o. Ä. haben im Allgemeinen Sonderregelungen, die zu beachten sind. (z.B. Nicht alle Informationen dürfen weitergegeben werden, man braucht eine Genehmigung, ehe man mit der Presse spricht.)

Die Kinder laden „Fachleute" in ihre Gruppe ein und informieren sich über Meinungsfreiheit und ihre Grenzen. Solche Fachleute können sein
- eine Journalistin
- ein Pressesprecher
- eine Anwältin
- ein Politiker
- …

Die Gruppenmitglieder besprechen und klären schwierige Fragen der Meinungsäußerung, z.B.:

- Mitschüler werben in der Schule für eine politische Partei.
- Der Schulleiter verlangt, dass jede Ausgabe der Schulzeitung erst von ihm genehmigt werden muss.
- Der Gruppenleiter hat schon mehrfach Kinder geschlagen. Die Gruppe will darüber in der Tageszeitung berichten.
- Am Donnerstag, den 20. September, findet um 11.00 Uhr eine große Demonstration „gegen Rechts" statt. Alle Kinder wollen mitmarschieren.
- Das Gerücht, ein namentlich genannter Jugendlicher würde dealen, hält sich hartnäckig. Zeitungsleute wollen für einen Artikel Gruppenmitglieder befragen.
- Die Versetzungsbestimmungen sollen verschärft werden. Dagegen haben Schülerinnen und Schüler Unterschriften gesammelt, die sie nun der Kultusministerin überreichen wollen. Die Schulleiterin aber hat das verboten.

Die Gruppe legt eine Sammlung solcher „Rechtsfälle" – mit ihren Lösungen – an. Sie veröffentlicht immer wiederkehrende und/oder aktuelle Streitfragen um die Meinungsfreiheit von jungen Menschen auf ihrer Homepage im Internet.

8 Wir machen unsere Zeitung selbst

Eine eigene Zeitung herzustellen, ist für Kinder eine gute Möglichkeit, über das zu berichten, was sie bewegt, was ihnen gefällt, aber auch, was ihnen nicht gefällt und wo sie sich Veränderungen wünschen. Und natürlich muss immer auch etwas Unterhaltendes dabei sein. Am Anfang muss geklärt werden:

- Was soll in unserer Zeitung stehen? z.B.
  Berichte über die Aktivitäten der Kinder
  Bilder, Zeichnungen
  Spiel-, Sport- und Medientipps

Rätsel und Witze
Das Problem des Monats – ein kritischer Beitrag über etwas, bei dem die Kinderrechte verletzt worden sind

● Wie kriegt man gute Einfälle?
Zunächst werden Ideen gesammelt. Dazu können auch Kinder- oder Erwachsenenzeitschriften und die Tageszeitungen als „Ideengeber" durchgesehen und genutzt werden.

● Wer macht was?
Dann wird festgelegt, wer sich um welchen Beitrag kümmert, wer schreibt, wer Zeichnungen macht oder Bilder besorgt.

● Wann muss alles fertig sein?
Es wird bestimmt, wann die Texte und Illustrationen da sein müssen.

● Wie wird aus den Beiträgen eine Zeitung?
Alle setzen sich zusammen, lesen die Texte und verbessern eventuelle Fehler. Beim „Problem des Monats" muss besonders gut kontrolliert werden, ob auch alles sachlich richtig dargestellt und beschrieben worden ist.
Dann wird überlegt, in welcher Reihenfolge die Beiträge angeordnet werden sollen. Am Anfang sollte etwas Interessantes stehen, das zum Lesen reizt. Witze und Tipps können eher zwischendurch zur Auflockerung oder am Schluss kommen. Unter jedem Beitrag oder am Anfang oder Ende der Zeitung sollte stehen, wer alles mitgearbeitet hat. Zum Schluss werden die Seiten nummeriert.
Am Computer ist diese Arbeit ganz einfach.

● Wie soll die Zeitung heißen?
Natürlich braucht die Zeitung einen zündenden Namen und ein Titelblatt, das aufmerksam macht.

- Wer bezahlt die Herstellung?

  Wessen Computer dürfen die Kinder benutzen? Wer bezahlt das Geld für Papier, um die Zeitung zu vervielfältigen? Kann die Zeitung verkauft werden (um einen Teil der Kosten wieder hereinzubekommen) und zu welchem Preis?

- Wie soll die Zeitung „vertrieben" werden?

  Wem wird die Zeitung angeboten? Wie kann die Gruppe sicher sein, dass die Leute, die das „Problem des Monats" angeht, die Zeitung auch tatsächlich bekommen? Wer kümmert sich darum, dass die Zeitung auch wirklich unter die Leute gebracht wird?

Ist die erste Auflage fertig und verteilt bzw. verkauft gibt es erneut eine Redaktionssitzung. Wie ist die Zeitung angekommen? Wie waren insbesondere die Reaktionen auf das „Problem des Monats"? Hat die Gruppe etwas erreicht? Was? Wo müsste sie weitermachen? Will sie weitermachen?

9 Eine Homepage im Internet

Verfügt die Gruppe über einen Computer und einen Internet-Anschluss? Dann kann sie ihre eigene Homepage gestalten. Hier kann sie ihre Gruppe bekannt machen, Informationen über die Gruppe geben, den Zweck ihres Zusammentreffens vorstellen, Termine und gegebenenfalls besondere Veranstaltungen bekannt machen, Bilder zeigen, sich für die Verwirklichung der Kinderrechte engagieren, Projekte beschreiben usw.

Über E-Mail können Korrespondenzen zu den unterschiedlichsten Fragen und Themen weltweit geführt werden.

Beispiele:
- Informationen können schnell und unmittelbar weitergegeben werden.
- Es können Freundschaften mit anderen Kindergruppen aus der näheren und weiteren Umgebung entstehen.

- Patenschaften zu anderen Einzelpersonen oder Gruppen können aufgebaut werden.
- Die Gruppe kann zu Aktionen aufrufen.
- „Ehemalige" können wieder Kontakt aufnehmen und halten, egal, wie weit sie entfernt sind.
- Die Gruppe richtet einen „Chat" zu einem ihr wichtigen Thema ein, z.B. „Was tut ihr gegen Gewalt?"

Kindern kommt diese unmittelbare Möglichkeit der Information und Kommunikation sehr entgegen. Es sollte deshalb viel häufiger Gebrauch davon gemacht werden.

Schwalbach

Eigene Internet-Seite für Kinder und Jugendliche

Kinder und Jugendliche sollen ein eigenes Forum auf den Schwalbacher Internet-Seiten bekommen. Die Stadt, die seit einigen Wochen unter www.schwalbach.de online ist, will Jugendliche bis zum Alter von 18 Jahren künftig gezielt ansprechen, ihre Ansichten zu den verschiedensten Themen erfahren und sie so auch an politischen Entscheidungen beteiligen.

Die Kinder und Jugendlichen bekommen einerseits Gelegenheit, sich zu aktuellen Fragen zu äußern, die sie im Forum schon vorfinden; andererseits können sie Themen, die ihnen wichtig sind und zu denen sie die Ansichten anderer Leute erfahren wollen, in dieses Forum stellen.

Bis zum Herbst soll die Internet-Seite für Kinder und Jugendliche stehen.   acw

10 Pressearbeit

Gibt es ein besonderes Ereignis, über das die Gruppe die Öffentlichkeit informieren möchte? Dann sollte sie eine „Pressemitteilung" schreiben. Eine Pressemitteilung ist ein kurzer Bericht über das Ereignis mit auch für die Öffentlichkeit interessanten Informationen. Eine Pressemitteilung sollte knapp, sachlich und verständlich formuliert und nicht länger als eine DIN A4-Seite sein. Bei aller Sachlichkeit kann ein „Hingucker", eine besondere Schlagzeile, ein Logo o. Ä. nicht schaden. Eine Pressemitteilung muss auffallen, damit sie gelesen und – hoffentlich – auch gedruckt wird. Sicherheitshalber sollte die Redaktion auch angerufen und auf die Pressemitteilung aufmerksam gemacht werden.

Konkrete Ereignisse, für die sich Pressearbeit anbietet, sind z.B.:
- Die Gruppe hat ein Projekt abgeschlossen, z.B. zum Energiesparen
- Die Gruppe lädt zu einer Veranstaltung ein, z.B. zu einem Theaterstück
- Die Gruppe nimmt Stellung zu einem Ereignis, z.B. zur geplanten Abschiebung eines Gruppenmitglieds.

Zunächst übt die Gruppe das Schreiben anhand von fiktiven Pressemitteilungen. Sie entscheidet sich für einen Anlass und teilt sich dann in Kleingruppen zu dritt oder viert (Zufallsgruppen bilden!). Diese entwerfen jeweils gemeinsam eine Pressemitteilung. Die verschiedenen Pressemitteilungen zum gleichen Thema werden verglichen. Was ist bei welcher gut gelungen? Was müsste noch deutlicher werden? Aus den unterschiedlichen Arbeiten wird eine einzige Pressemitteilung zusammengestellt, die nun als Vorlage für den „Ernstfall" dienen kann.

Im „Ernstfall" wird die Pressemitteilung dann an alle Medien verschickt, die den Kindern wichtig sind, z.B. an die lokale Presse, an das Stadtteilblättchen, an die Schulzeitung, aber auch an einen lokalen Rundfunksender, den regionalen Fernsehsender, die Kinderredaktionen der überregionalen Fernsehanstalten …

Die Gruppe kann auch zu einer Pressekonferenz einladen, auf der dann die Pressemitteilung verteilt wird. Damit eine Pressekonferenz gelingt, d.h. damit auch tatsächlich Presseleute kommen, ist Folgendes wichtig:
- der richtige Termin (nicht zu früh und nicht zu spät am Tag, nicht zeitgleich mit einer „besonders wichtigen" Veranstaltung am Ort wie ein Fußballspiel, der Besuch eines Promis u.Ä.)
- ein geeigneter Ort (groß genug und mit Möglichkeiten zum Schreiben, gut zu erreichen und leicht zu finden)
- früh genug einladen (etwa 10 Tage vor dem Termin, anschließend telefonisch nachfragen, ob jemand kommt und wer)
- den Ablauf klären (wer aus der Gruppe sagt oder tut wann was).

Vor der ersten echten Veranstaltung sollte die Gruppe eine „Pressekonferenz" als Planspiel durchspielen. Was hat schon gut geklappt? Wo muss etwas besser werden? Waren die Rollen gut verteilt? Wer sollte in einer „Echtsituation" welche Aufgaben übernehmen?

11 Die öffentliche Meinung

Gehör findet leider nicht immer, wer die besten Argumente hat, sondern wer sie am Besten „verkaufen" kann. Die Gruppe überlegt sich witzige und auffallende „Verkaufsmethoden", z.B.

- Plakate
  Die Kinder stellen ihre Meinung auf Plakaten dar und hängen diese an wichtigen Stellen aus. Die Plakate können durch Handzettel mit gleichlautenden Informationen, die die Kinder persönlich verteilen, ergänzt werden.
- Ausstellung
  Zum Thema stellen die Kinder eine Ausstellung zusammen und zeigen sie in einem öffentlichen Raum, z.B. in der Stadtbücherei, im Rathaus-Foyer. Eine Ausstellung kann gut mit Plakaten und Handzetteln kombiniert werden.
- Szenische Darstellungen
  Die Kinder texten ein Lied, schreiben Kabarett- und Theaterszenen und führen alles auf einer öffentlichen Veranstaltung vor.
- Aktionen ohne Worte
  Die Gruppe verteilt für die besondere Berücksichtigung der Kinderrechte „Herzen" (aus Zucker), bei besonderer Missachtung „Zitronen". Sie verleiht eine „Kinderrechte-Prüf-Plakate". Sie markiert alle „Hundehäufchen" auf Spiel- und Sportplätzen mit deutlich sichtbaren „Fähnchen". Die Kinder machen einen „Schweigemarsch", sie stellen jeden Abend ein Licht ins Fenster, um für die Aufnahme eines behinderten Kindes in ihrer Schule zu demonstrieren u.Ä.

12 Kinderrechte kennen lernen

Die Gruppe informiert sich über die Kinderrechte. Für jedes Kinde wird die Übersicht auf S. 9 dieses Buches kopiert. Zur vertiefenden Auseinandersetzung kann die Originalfassung bestellt werden (→ Bezug: siehe S. 14).

Wo können andere Kinder sich über Kinderrechte informieren bzw. wo gibt es weitere Informationen über die Kinderrechte? Die Gruppe

- schreibt Kinderrechtsorganisationen an.
- sucht nach Informationen im Internet.
- schaut im Schlagwortverzeichnis der Gemeinde- oder Stadtbibliothek nach
- fragt in Buchhandlungen
- recherchiert in Schulbüchern
- sammelt Zeitungs- und Zeitschriftenbeiträge
- usw.

Die Gruppe dokumentiert ihre Ergebnisse:

- Sie erinnert z.B. mit einer Pressemitteilung daran, dass die Bundesrepublik Deutschland sich mit der Ratifizierung der Kinderrechte auch zu deren Verbreitung verpflichtet hat.
- Sie stellt eine „Materialkiste" Kinderrechte zusammen, die z.B. von anderen Gruppen ihrer Institution ausgeliehen werden kann.
- Sie schreibt der Bibliothek, welche Infos über die Kinderrechte sie gefunden hat und bittet gegebenenfalls darum, die Titel zu ergänzen.
- Sie teilt ihre Recherche den Schulbuchverlagen und dem Kultusministerium mit.
- Sie schreibt selbst Texte zu den Kinderrechten und stellt daraus eine „Info-Mappe" zusammen.
- Sie bietet dem Jugendamt oder den Kinderbeauftragten der Gemeinde ihre Mitarbeit bei der Verbreitung der Kinderrechte an.

📖 Kinderbücher

- Boje, Kirsten: Jeder Tag ein Happening, dtv junior München, ab 12 Jahre
  Die alternativen Eltern der 13-jährigen Anna reden ständig über Probleme, kümmern sich aber nicht darum, dass der dioxinverseuchte Spielplatz der Kinder schon seit zwei Jahren geschlossen ist. Also organisiert sie selbst mit Freunden ein Happening beim Stadtrat.
- Franciskowsky, Hans G.: Ein Fußballplatz muss her!, Schneider Verlag München, ab 8 Jahre
  Für die Vier vom Dribbel-Club ist Fußball das Höchste. Doch überall werden sie von den Erwachsenen vertrieben. Deshalb beschließen die Freunde: Ein Fußballplatz muss her. Jan hat schließlich eine Superidee ...

8 Kinder haben das Recht, dass ihr Privatleben und ihre Würde geachtet werden

Schon im Grundgesetz der Bundesrepublik Deutschland, das für alle Deutschen ohne Altersbeschränkung Gültigkeit hat, steht: „Die Würde des Menschen ist unantastbar. Sie zu achten und zu schützen, ist Verpflichtung aller staatlichen Gewalt." „Entwürdigende Erziehungsmaßnahmen" sind ausdrücklich seit 1980 entsprechend §1631 des Bürgerlichen Gesetzbuches (BGB) unzulässig, seit der Begriff der „elterlichen Gewalt" durch den der „elterlichen Sorge" ersetzt wurde. Die Auslegungen, was Kindern gegenüber „entwürdigend" ist, blieben aber bis heute sehr unterschiedlich.

Erziehung sollte Selbstvertrauen, Selbstsicherheit und Eigenverantwortlichkeit der Kinder fördern. Der praktische Umgang mit Kindern stimmt mit diesen Zielen aber längst noch nicht überein. Auch wenn sich das Verhältnis zwischen Erwachsenen und Kindern im Lauf der Generationen stark vom Autoritären zum Demokratischen verändert hat, ist Erziehung immer noch viel zu sehr bestimmt durch Anschreien, Beschimpfen, Tadeln, Drohen, Erniedrigen, Sich-lustig-Machen, Nicht-Ernst-Nehmen, Wie-Luft-Behandeln u.Ä. – oft, ohne dass dies Eltern als entwürdigend und Kindern als unzulässig bewusst ist.

Erwachsene müssen sich Beleidigungen und Herabsetzungen, mit denen sie Kinder belegen, im Übrigen nicht ungestraft gefallen lassen. Die Umgangsformen zwischen Erwachsenen sind bis ins Kleinste rechtlich geregelt. Immer wieder werden nach Gerichtsentscheidungen „Gebührenkataloge" veröffentlicht, was ein „Idiot", „eine dumme Sau" oder „ein Stinkefinger" kosten.

Ein besonderes Kapitel ist der Umgang von Lehrerinnen und Lehrern mit ihren Schülerinnen und Schülern. Das Beamtenrecht schreibt ihnen „die Pflicht zu achtungs- und vertrauenswürdigem Verhalten innerhalb und außerhalb des Dienstes" vor. Von einer Lehrerin oder einem Lehrer bloßgestellt, lächerlich gemacht, ausgegrenzt zu werden u.Ä. gehört dennoch zum Schulalltag nicht weniger Kinder, dem sie oft ohnmächtig ausgeliefert sind. Verstöße gegen Persönlichkeitsrechte von Kindern in der Schule werden als selbstverständlich hingenommen, als unbeabsichtigt und „nicht so schlimm". Abgesehen davon, dass auch ein unbeabsichtigter nicht-achtungsvoller gewohnheitsmäßiger Umgang mit Kindern „schlimm" ist, gibt es durchaus auch absichtliche Kränkungen, um Kindern gegenüber „Macht" zu demonstrieren.

Das Recht auf „Privatleben" wird Kindern nur selten zugestanden. Erwachsene halten es oft für selbstverständlich, dass sie die Post und andere Aufzeichnungen der Kinder lesen und ungefragt in ihren Sachen stöbern dürfen. Von Kindern wird erwartet, dass sie Auskunft darüber geben, mit wem und worüber sie gerade gesprochen bzw. was sie gemeinsam getan haben. Eine ungestörte Rückzugsmöglichkeit wird Kindern selten zugestanden. Natürlich haben Eltern die Aufgabe ihre Kinder zu erziehen. Auch das steht in der Kinderrechtskonvention (Art. 5, Art. 18). Sie – und andere Erziehungspersonen – haben Verantwortung für Kinder und müssen sie schützen. Das bedeutet aber nicht, Kinder unter Generalverdacht zu stellen und ständig unter Kontrolle zu halten.

📖 **Weitere Denkanstöße gibt:**

Singer, Kurt: Die Würde des Schülers ist antastbar.
Vom Alltag in unseren Schulen – und wie wir ihn verändern können
rororo, Reinbek 1998

1 Was heißt hier Würde?

Nicht allen Kindern wird bewusst sein, was „Würde" bedeutet und welche Verhaltensweisen diskriminierend und verletzend sind. Die Kinder stellen ein ABC der Diskriminierungen zusammen, z.B.:

A *anschreien, auslachen, ausschließen*
B *beleidigen, beschuldigen, bloßstellen*
C
D *demütigen*
E *einmischen, Ehre abschneiden*
F *feindselig sein*
G *Geheimnisse nicht achten*
H *häßliche Worte sagen, hetzen*
I *intrigieren, Intimes weitererzählen*
J
K *klein machen, klatschen*
L *lächerlich machen*
M *missbrauchen*
N *nicht ernst nehmen*
O *ohrfeigen*
P *prügeln*
Q *quälen*
R *respektlos behandeln, rücksichtslos sein*
S *spotten, schlecht machen*
T
U *unhöflich sein*
V *verspotten, verhöhnen*
W
X
Y
Z *zanken, zynisch sein*

Analog dazu kann auch ein ABC des achtungsvollen Umgangs miteinander geschrieben werden, von A wie „achten" bis Z wie „zartfühlend sein". Schon bei der Erstellungen der Alphabet-Listen wird eine intensive Diskussion, welche Verhaltensweisen aufgenommen werden sollen und was sie bedeuten, einsetzen. Im Auswertungsgespräch kann darauf eingegangen werden, wie positive Verhaltensweisen umgesetzt werden können.

2 Privatleben definieren

Auch das Wort „Privatleben" ist für eine Reihe von Kindern sicher erklärungsbedürftig. Diesem Begriff können sie sich mit folgender Übung annähern:

In die Mitte des Raumes wird ein großer Bogen Papier gelegt. Darauf wird als Impuls in großen Buchstaben das Wort „Privatleben" geschrieben. Welche Assoziationen weckt dieses Wort bei den Kindern? Nach Art eines Kreuzwortgitters schreiben sie so viele Wörter wie möglich dazu:

Beispiel:

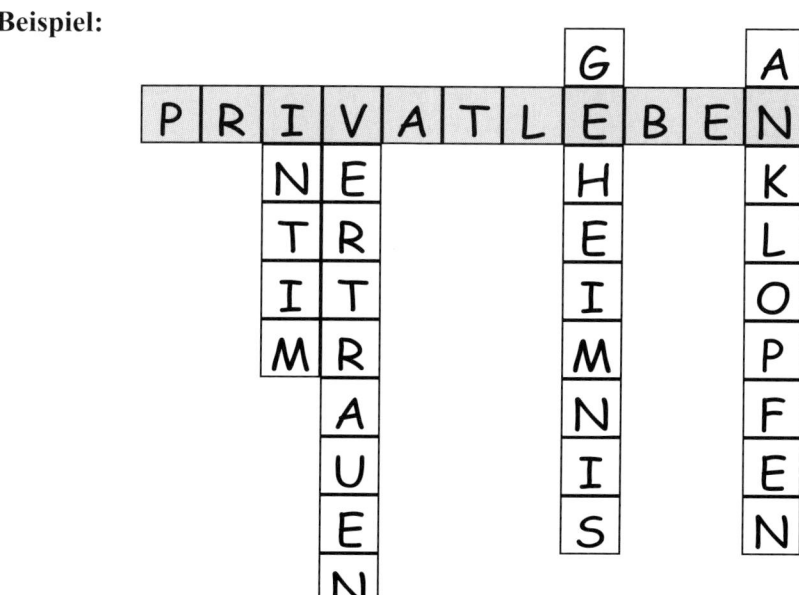

Die Übung kann auch als Einzelarbeit oder in kleinen Gruppen gemacht werden. Die unterschiedlichen Assoziationen werden anschließend im Plenum zusammengetragen. Dabei können Verständnisfragen gestellt werden. Die Gruppe kann versuchen, die genannten Assoziationen unter bestimmten Aspekten zu besprechen, z.B.

- Was bedeutet Privatleben?
- Was verletzt unser Privatleben?
- Wie könnte unser Privatleben besser geschützt werden?

3 Tagebuch schreiben

Auch so können Kinder Inhalt und Bedeutung des Rechts auf Schutz ihres Privatlebens und ihrer Würde reflektieren:
Jedes schreibt auf einer DIN-A4-Seite ein fiktives Tagebuch über einen Tag aus seinem Leben, an dem dieses Kinderrecht tatsächlich umfassend verwirklicht worden ist.
Die Tagebuchseiten werden im Gruppenraum ausgelegt und gelesen. Welche Aspekte haben die Kinder genannt? Gab es etwas, was nahezu alle erwähnt haben? Gab es individuelle Abweichungen?

4 Sich frei schreiben

Die Kinder sammeln Verstöße, die sie immer wieder gegen ihr Recht auf Würde und Privatleben erfahren müssen, z.B.
- Sie werden vor anderen lächerlich gemacht
- Jemand stöbert ungefragt in ihren Sachen
- Sie werden öffentlich schlecht gemacht
- usw.

Jedes Kind sucht sich ein Thema aus, zu dem es eigene Erfahrungen hat, und schreibt dazu einen Text.
Die Texte werden in der Gruppe gelesen und diskutiert. Haben andere Kinder ähnliche Erfahrungen gemacht? Was können Kinder tun, damit solche Erfahrungen nicht wieder vorkommen?

5 Verkehrte Welt

Die Kinder sammeln einen Tag/eine Woche lang alltägliche Situationen zwischen Kindern und Erwachsenen:

- Ein Kind kommt zu spät zum Unterricht, weil der Bus ausgefallen ist. Der Lehrer empfängt es: „Na, auch schon ausgeschlafen?"
- Bei der Reihenuntersuchung in der Schule müssen die Kinder ihre Oberbekleidung schon auf dem Flur ausziehen, damit es schneller geht. Wer sich weigert, wird angefahren: „Dir guckt schon keiner was ab …"
- Eine Lehrerin zeigt quer über die Klasse auf einen Schüler und sagt der Schulpsychologin, die an diesem Tag die Klasse besucht: „Achten Sie mal auf den Sven, der zuckt immer so …"
- Der Vater schimpft mit seinem Sohn, der nicht Fußballspielen möchte: „Du bist ein echtes Weichei …"
- u.Ä.

Die Kinder tauschen aus, wie oft solche Ereignisse schon vorgekommen sind. Waren einige Kinder davon häufiger betroffen als andere? Welche Gründe könnte es dafür geben?

Die Kinder überlegen, ob die Situationen auch umgekehrt möglich wären. Könnten die Kinder auch mit Erwachsenen so umgehen, wie sie mit ihnen? Sie suchen sich Situationen aus, die besonders häufig vorkommen oder die sie besonders verletzt haben und schreiben daraus Texte mit vertauschten Rollen. Die Texte werden gemeinsam in einer „Schreibkonferenz" überarbeitet. Die besten oder witzigsten Texte werden veröffentlicht, z.B. in der Schulzeitung, auf der Kinder- und Jugendseite der Tageszeitung. Erwachsene werden um eine Stellungnahme gebeten: Würden sie sich das gefallen lassen? Warum verhalten sie sich Kindern gegenüber so? Wie, glauben sie, fühlen sich wohl die Kinder, wenn sie so behandelt werden?

6 Briefgeheimnis & Co.

Eltern halten es häufig für selbstverständlich, Briefe, die an ihre Kinder gerichtet sind, zu öffnen und zu lesen und/oder ungefragt in ihren Aufzeichnungen und Tagebüchern zu stöbern.

Mit den Eltern darüber zu reden, hilft nicht in allen Fällen. Manchen Kindern fällt ein solches Gespräch auch schwer. Sie wissen nicht so recht, was und wie sie es sagen sollen. Vielleicht hilft ihnen diese Idee:

Die Kinder teilen ihren Eltern ihr Anliegen schriftlich mit. Diesen Text schreiben sie als Brief, den sie an sich selbst adressieren, oder sie legen ihn als Eintrag in ihr Tagebuch.

In der Gruppe werden für die beiden Situationen „Mustertexte" entworfen.

Mit welchen Formulierungen können die Kinder ihr Anliegen klar und deutlich artikulieren, aber dennoch höflich bleiben und nicht verletzend sein?

Ein „Musterbrief" findet sich in der Anthologie „Trau dich was!" (Arena Würzburg 2000).

7 Am liebsten möchte ich …

Satzanfänge ergänzen, bezogen auf das Thema, das die Kinder bewegt, ist eine gute Methode, schwierige Sachverhalte „ins Gespräch" zu bringen und Lösungen zu suchen.

Solche Satzanfänge können sein:
- Es macht mich wütend …
- Ich frage mich …
- Ich möchte am liebsten …
- Ich wünsche mir …

Ein Thema, das viele Kinder bewegt, ist z.B. das Einmischen Erwachsener in ihre Freundschaften. Die Satzergänzungen könnten wie folgt aussehen:

- Es macht mich wütend, dass meine Eltern bestimmen wollen, mit wem ich befreundet bin.
- Ich frage mich, woher sie wissen, wer die „richtigen" Freunde sind.
- Ich möchte am liebsten manchmal abhauen.
- Ich wünsche mir, dass meine Eltern meine Freunde wenigstens mal kennen lernen.

Die Sätze werden zunächst in Einzelarbeit ergänzt, dann in Kleingruppen besprochen und zum Schluss auch im Plenum. Was bewegt alle Kinder? Welche Lösungen gibt es? Wo haben nur einzelne Kinder Schwierigkeiten? Wie könnte ihnen geholfen werden?

8 Comic zeichnen

Sicherlich ist jedes Kind schon mal mit Worten verletzt oder gekränkt worden oder erinnert sich an eine Situation, wo es anderen so ergangen ist. Jedes Kind zeichnet eine der Situationen als Comic. Die beteiligten Personen werden mit Sprechblasen versehen. Dort schreiben die Kinder hinein, was genau gesagt worden ist.

Nun bilden die Kinder Paare oder Dreiergruppen. Sie diskutieren die dargestellten Situationen und bereden, wie man sich hätte wehren können oder anderen hätte helfen können. Danach ergänzt jedes Kind seinen Comic um weitere Szenen und Sprechblasen mit einer entsprechenden Antwort.

Die Comics werden im Gruppenraum ausgestellt. Verständnisfragen zu den einzelnen Gags können gestellt und beantwortet werden. Welche Szenen haben schon viele Kinder erlebt? Welche neuen Lösungen für ihr Problem haben sie kennen gelernt? Welche der Lösungsmöglichkeiten haben ihnen besonders gefallen? Gibt es noch weitere Ideen?

9 Alle Achtung

Wie kann man das Bewusstsein für einen achtungsvollen Umgang miteinander schärfen?
Die Kinder erfinden Slogans und Symbole, die bei unterschiedlichen Veranstaltungen zum Einsatz kommen können. Beispiele:

- In die Form des Verkehrsschildes „Vorfahrt achten" wird der Text „Kinder achten" geschrieben. Das Symbol kann auch als Button hergestellt oder auf T-Shirts u.Ä. gedruckt werden.
- Ein Stempel „Privat. Gehört deinem Kind." wird gestaltet.
- u.a.m.

154

10 Ratgeber: „Die Würde des Kindes ist unantastbar."

Selbst etwas gegen Diskriminierung zu unternehmen, ist für Kindern oft schwierig. Denn Diskriminierung findet ja nicht immer offen statt und die Kinder befinden sich meist in einem Abhängigkeitsverhältnis zu den sie diskriminierenden Erwachsenen. Dennoch ist es den Versuch wert. Die Kinder sammeln bereits erprobte Vorgehensweisen und neue Lösungsmöglichkeiten für die unterschiedlichsten Probleme. Daraus stellen sie einen Ratgeber „Achtung vor dem Kind" zusammen.

Eine hilfreiche Methode, neue Lösungsmöglichkeiten zu finden, ist z.B. das schriftliche Rundgespräch:
Dafür wird das Problem, für das eine Lösung gesucht wird, zunächst groß auf einen Zettel geschrieben. Jedes Kind erhält einen solchen Zettel. Die Gruppe teilt sich dann in Kleingruppen von 4 Kindern (oder 3 oder 5, so dass jedes Kind mitmachen kann). Jedes Kind schreibt einen Lösungsvorschlag auf seinen Zettel und gibt ihn in der Kleingruppe weiter. Das nächste Kind schreibt wieder einen Lösungsvorschlag auf, dabei darf es sich auf den vorhergehenden beziehen, kann ihn verändern, erweitern u.Ä. Der Zettel wird so lange herumgegeben, bis jedes Kind sich auf

Wilhelm: Kinder mit Peilsendern ausstatten

HAMBURG (dpa) – Mit seinem Vorschlag, Kinder mit Peilsendern auszustatten, hat der Medienbeauftragte der CDU/CSU Bundestagsfraktion, Hans-Otto Wilhelm, eine neue Debatte über den Schutz von Kindern vor Verbrechern ausgelöst. Während sich das Bonner Forschungsministerium an der Idee interessiert zeigte, wies der Deutsche Kinderschutzbund sie gestern als kontraproduktiv zurück.

Wilhelm hatte seinen Vorstoß im Gespräch mit der Zeitung „Bild am Sonntag" begründet: „Wir müssen alle technischen Möglichkeiten nutzen, Kindern ein bißchen mehr Sicherheit zu vermitteln". Die Mini-Sender könnten in Kleidungsstücken, Schulbüchern oder Schmuckstücken eingearbeitet oder unter der Haut eingepflanzt werden, sagte der Politiker. Damit könnten im Fall einer Entführung die Kinder schneller aufgespürt werden.

Der Staatssekretär im Forschungsministerium, Bernd Neumann, bezeichnete den Vorschlag als „interessante Idee". Dagegen kritisierte der Geschäftsführer des Deutschen Kinderschutzbundes, Walter Wilken: „Jetzt sind wir endgültig an dem Punkt angelangt, an dem die Angst der Eltern kommerzialisiert werden soll". Durch solche Vorschläge werde den Eltern nur noch mehr Angst gemacht, sagte er der dpa.

155

jedem Zettel geäußert hat. Bei einer Vierergruppe macht das 16 verschiedene Vorschläge. Diese werden dann zunächst in der Kleingruppe diskutiert. Die hilfreichsten Vorschläge werden dann ins Plenum gegeben.

Aus allen Vorschlägen kann ein „Ratgeber" entstehen: Die besten Lösungsvorschläge zu einem „Problem" werden einfach hintereinandergeheftet. Beispiel:
Problem: Lehrer X beleidigt uns durch Ausdrücke wie „Du Schlampe, du Hirni …"
Lösungsvorschläge:
- Klassensprecherin oder Klassensprecher reden mit ihm.
- Die Ausdrücke aufschreiben, mit der Sammlung zum Direktor gehen.
- Dem Lehrer einen Brief schreiben und ihm darin mitteilen, wie man sich fühlt. Hilft oft besser als ein Gespräch.

- Eine Vereinbarung treffen, welche Ausdrücke in der Klasse verboten sein sollen. Diese gilt dann für alle Kinder und alle Lehrkräfte – einzeln unterschreiben lassen.
- Vertrauenslehrerin oder -lehrer um Vermittlung bitten.
- usw.

Der Ratgeber kann ständig aktualisiert werden, z.B. immer, wenn das Problem wieder auftritt. Hilfreich ist auch, Erfahrungsberichte mit den einzelnen Vorschlägen hinzuzufügen: Was hat gut gewirkt? Was war nicht so gut?

11 Für sich und andere eintreten

Kinder sollten lernen, die Würde anderer nicht zu verletzen und jede Diskriminierung und Verletzung der Würde durch andere und von anderen nicht hinzunehmen. Sie sollten lernen, nicht nur im Planspiel, sondern in der Realität für sich und andere einzutreten.

Beispiel:
Ein Lehrer setzt immer wieder bestimmte Kinder herab. Er stellt sie bloß, macht sich über sie lustig. Die betroffenen Kinder – und ihre Eltern – befürchten, Gegenwehr würde sich auf die Noten auswirken. Und die sind sowieso nicht die allerbesten. Also was tun?

Die Mitschülerinnen und Mitschüler, die selbst nicht unter dem Lehrer zu leiden haben, erklären sich solidarisch. Gemeinsam macht die Klasse einen Plan:
- Eine Zeit lang werden sie die diskriminierenden Äußerungen des Lehrers – und eventuelle eigene – genau aufschreiben. Beim Aufschreiben wechseln sie sich ab bzw. setzen in erster Linie gute Schülerinnen und Schüler ein.
- Alle bemühen sich während der „Dokumentationsphase" darum, dem Lehrer gegenüber freundlich zu sein, seinen Aufforderungen nachzukommen, im Unterricht mitzuarbeiten, nicht zu stören usw.

- Die Kinder treffen sich zu einem Klassenrat außerhalb des Unterrichts. Sie werten ihre Dokumentation der Diskriminierungen aus. Außerdem denken sie gemeinsam darüber nach, was es Positives über den Lehrer und seinen Unterricht zu sagen gibt. Vielleicht kann er besonders gut erklären? Vielleicht bringt er immer besonders interessante Materialien, Texte, Versuche mit? Vielleicht hat er ein besonders spannendes Projekt mit der Klasse durchgeführt?

- Der Klassenrat beauftragt eine Kleingruppe, die besonders gut formulieren kann, für den Lehrer aufzuschreiben: Das gefällt uns an Ihnen/an Ihrem Unterricht besonders gut – Das gefällt uns nicht (in dieser Reihenfolge, das Positive zuerst) – Alle Menschen, auch Kinder

haben ein Recht auf Achtung. Die Formulierung muss höflich und sachlich bleiben. Alle Behauptungen – besonders die negativen – müssen mit Hilfe der Dokumentation nachweisbar sein.

- Klassensprecherin und Klassensprecher bitten den Lehrer um einen Termin und überreichen ihm das Schriftstück mit einer kurzen Erklärung. Leichter ist es, mit dem Lehrer kein persönliches Gespräch zu führen, sondern die Dokumentation mit einem Brief per Post zu schicken.

● Vertrauenslehrer oder -lehrerin können über die Aktion informiert und – falls unvorhergesehene Schwierigkeiten auftreten – um Unterstützung gebeten werden.

Wichtig ist bei einer solchen Aktion (die nicht nur in der Schule, sondern ähnlich in jeder Gruppe ablaufen kann), sich nicht auseinanderdividieren zu lassen und unerschütterlich freundlich und sachlich zu bleiben, um keine Angriffsfläche zu bieten. Das Wort sollten gerade die Starken und von Diskriminierung eigentlich nicht Betroffenen führen.

📖 Kinderbücher

● Steenfatt, Margret: Ein Zimmer für Stella, rororo rotfuchs, Reinbek, ab 9 Jahre
Stella ist 10 und wünscht sich nichts sehnlicher als ein Zimmer für sich allein. Einen Raum, in den sie sich zurückziehen kann, wenn ihr die drei Geschwister auf die Nerven gehen und ihr alles zu viel wird. Einen Raum, in dem sie ungestört lesen und träumen und ihre Geschichten schreiben kann. Aber wo gibt es so einen Raum? In dem kleinen Haus, in dem die Familie wohnt, ist dafür kein Platz. Oder doch? Bald jedenfalls hat Stella ein spannendes Geheimnis.

● Wegenast, Bettina/Meyer, Kerstin: Endlich hab ich frei!, rororo rotfuchs, Reinbek, ab 6 Jahre
Endlich haben sie es geschafft! Die ganze Familie hat sich mitten in der Woche freigenommen, um in den Zoo zu gehen. Und jetzt will Rieke nicht mitkommen. Wenn man frei hat, kann man doch machen, was man will, sagt sie. Malen zum Beispiel. Oder Schmuck aus Joghurtbechern basteln. Oder ein Buch lesen. Oder, oder, oder, man kann eine Menge tun, wenn man frei hat. Aber ob Mama und Papa das auch so sehen? Eine Geschichte über Freiräume, die nicht nur Erwachsenen, sondern auch Kindern zustehen.

- Wendt, Irmela: Fehler übersehen sie nicht – bloß Menschen, rororo rotfuchs, Reinbek, ab 9 Jahre
Xanderl hat täglich große Probleme in der Schule. Dabei erfährt er, dass man jemanden stark oder schwach machen kann. Und Stärke kann er gebrauchen, sonst würden ihn die Ungerechtigkeiten mancher Lehrer und Mitschüler verrückt machen.

9 Kinder haben das Recht, im Krieg und auch auf der Flucht besonders geschützt zu werden

In Deutschland liegt der letzte Krieg glücklicherweise mehr als 50 Jahre zurück. Und seit der letzten Flucht von einem Deutschland ins andere sind seit der Wiedervereinigung auch schon über 10 Jahre vergangen. Aber irgendwo ist immer Krieg. Seit dem 2. Weltkrieg hat es bisher weit über 100 Kriege und bewaffnete Konflikte gegeben. Alle Kriege werden gegen Kinder geführt. Zehntausende von Kindern hat der Krieg getötet, verkrüppelt, traumatisiert oder in die Hölle eines Flüchtlingslebens getrieben.

Das Flüchtlingswerk der Vereinten Nationen geht davon aus, dass gegenwärtig ca. 22 Millionen Menschen weltweit außerhalb ihres eigenen Staates auf der Flucht sind. Der Anteil der Kinder und Jugendlichen beträgt zwischen 40 und 50 Prozent. Das Problem Flucht ist also in erheblichem Ausmaß ein Problem von Minderjährigen. Die genaue Anzahl der Kinder, die mit ihren Eltern nach Deutschland geflüchtet sind, ist nicht festgestellt, kann aber anhand der Asylanträge geschätzt werden. 1996 wurden in Deutschland 149.000 Asylanträge gestellt.

Darüber hinaus leben nach Schätzungen der Flüchtlingshilfe-Organisationen in Deutschland z.Zt. auch 5.000 bis 10.000 minderjährige Flüchtlinge, die alleine eingereist sind. Die Kinder fliehen vor dem Krieg, aber auch vor Verfolgung, Hunger, Armut, Gewalt. Die Gründe sind so verschieden wie die Schicksale der Mädchen und Jungen. Nicht wenige haben Misshandlungen und Vergewaltigungen hinter sich, sie wurden als Kindersoldaten zum Töten gezwungen, sie haben ihre Eltern sterben sehen. Einige haben sich auf eigene Faust bis zu uns durchgeschlagen, bei anderen haben Eltern und Verwandte die letzten Ersparnisse zusammengekratzt oder sich Geld geliehen, um Schlepperbanden oder Flugtickets für die Kinder zu bezahlen. Sie glauben ihre Kinder seien in Sicherheit.

Aber in Deutschland ist für viele Kinder der Leidensweg noch nicht zu Ende. Die Kinder kommen ohne Pass und Visum – sie kommen illegal. Und die Umsetzung des Rechts auf besonderen Schutz bei Krieg und auf der Flucht ist in Deutschland nicht gewährleistet. Denn Deutschland hat die UN-Kinderrechtskonvention nur mit Vorbehalten unterzeichnet. Einer davon lautet: „Keine Bestimmung darf so ausgelegt werden, dass sie das Recht der Bundesrepublik Deutschlands beschränkt, Gesetze und Verordnungen über die Einreise von Ausländern und die Bedingungen ihres Aufenthaltes zu erlassen oder Unterschiede zwischen Inländern und Ausländern zu machen." Wegen dieses Vorbehalts kommt es u.a. zu Beschränkungen bei der ärztlichen Versorgung und im Schulunterricht. Nicht in allen Bundesländern besteht für Flüchtlingskinder Schulpflicht, sondern nur das Recht, eine Schule zu besuchen, das nicht immer wahrgenommen wird. Es gibt auch Einschränkungen für jugendliche Flüchtlinge in der Ausbildung. Sie finden wegen ihres schlechten Aufenthaltsstatus nur ganz wenige oder überhaupt keine Ausbildungsplätze. Und ob Flüchtlingskinder

überhaupt in Deutschland bleiben dürfen oder in das Land, aus dem sie geflohen sind, zurückgeschickt werden, bestimmen ebenfalls nicht ihre Not und ihr Recht auf besonderen Schutz auf der Flucht, sondern das Asylrecht Deutschlands.

📖 **Weitere Denkanstöße geben:**

- Becker, Georg E./Hartmann-Kurz, Claudia/Nagel, Ute (Hg.): Schule für alle. Die Asylpolitik und ihre Auswirkungen auf Kinder und Jugendliche, Beltz, Weinheim und Basel 1997
- Große-Oetringhaus, Hans-Martin: Kinder im Krieg – Kinder gegen Krieg, Ein Aktions- und Informationsbuch, Verlag an der Ruhr, Mülheim/Ruhr 1999
- Petersen, Elisabeth: Kinder auf der Flucht, Vertrieben, entwurzelt, unerwünscht – Kinderflüchtlinge in Deutschland, rororo Reinbek 1993.

1 Krieg – ein Kinderspiel?

Besitzen die Kinder Kriegsspielzeug (Pistole, Gewehr, Schwert, Panzer, Soldaten u.Ä.), Karten-, Brett- oder Videospiele, bei denen es um Krieg geht?
Die Kinder bringen das Spielzeug mit und spielen gemeinsam damit:
- Was ist an Kriegsspielzeug so faszinierend?
- Welche Spiele kann man damit spielen?
- Welche Spiele kann man damit nicht spielen?
- Wie fühlt man sich bei bzw. nach einem solchen Spiel?

Ist Krieg tatsächlich ein „Kinderspiel"? Was bedeutet Krieg?

Die Kinder lesen oder hören die Geschichte, die von Leo Nikolajewitsch Tolstoi (1828-1910) erzählt wird:

Es gehörte zu den täglichen Gewohnheiten des Gutsbesitzers und großen russischen Schriftstellers, sich am Nachmittag im Park zu ergehen, der Natur nachzuspüren und die Gedanken kreisen zu lassen. So war es auch an diesem Oktobertag, an dem die Sonne mit ihren Strahlen das Herbstlaub vergoldete. Welch friedliche Natur.

Auf seinem Weg störte ihn eine Schar halbwüchsiger Buben, die mit Geschrei durch den Park tobten. Sie hatten sich mit Stöcken und allerlei Gerät bewaffnet. Als sie geradewegs auf Tolstoi zustürmten, sah er zu seinem Entsetzen, dass einige größere auf zwei kleine einschlugen. Mit lauter Stimme gebot er Halt – verlegen und ängstlich versammelte sich die Gruppe um ihn. „Welch schändliche Tat", herrschte er die Knaben an. „Wollt ihr euch gegenseitig totschlagen?" „Aber nein, Gospodin", antwortete ein Junge, der wohl der Sprecher der Gruppe war. „Wir spielen doch nur." – „Und wie heißt dieses Spiel?" fragte der Gutsherr weiter. „Wir spielen Krieg." Tolstoi schüttelte energisch den Kopf und entgegnete laut: „Krieg, Krieg – ihr solltet lieber Frieden spielen!" Missbilligend

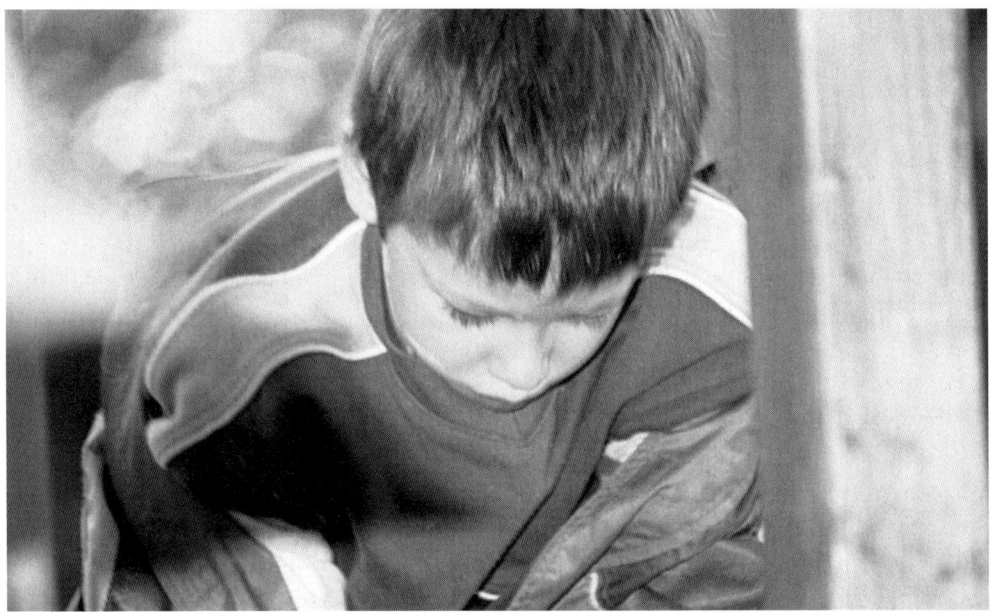

den Kopf schüttelnd, ging Leo Nikolajewitsch weiter. Auch die Jungen waren still gewor-
den und steckten die Köpfe zusammen. Plötzlich rannte der Sprecher hinter Tolstoi her,
zupfte ihn am Ärmel und fragte: „Bitte, Gospodin, wie spielt man eigentlich Frieden?"

(Zit. nach Siegfried Aust: Wie spielt man eigentlich Frieden? In: Bundesverband der Deutschen Volksbanken und Raiffeisenbanken (Hg.): Themenbroschüre zum Internationalen Jugendwettbewerb der Volksbanken, Raiffeisenbanken, Wiesbaden 1994, S. 62)

Wie spielt man Frieden?
- Die Kinder sammeln Ideen und probieren sie aus.
- Sie stellen eine Kartei mit internationalen Spielen zusammen, natürlich ohne Kriegsspiele.

2 Kinder im Krieg

In Deutschland gibt es – hoffentlich für immer – keinen Krieg mehr. Leider bedeutet das aber nicht, das wir nichts mehr mit Kriegen zu tun haben. Kriege werden auch aus Deutschland unterstützt, durch Waffen- und Materiallieferungen, durch politische Einflussnahme, durch fehlende Hilfeleistungen und leider auch wieder durch den Einsatz von Soldaten. Wenn wir die Menschenrechte ernst nehmen, sind wir verpflichtet, Kriege zu verhindern bzw. alles zu tun, damit sie beendet werden und den Menschen, die durch Kriege Not leiden, zu helfen.
Die Kinder tragen zusammen, von welchen Kriegen sie in letzter Zeit etwas erfahren haben. Sie markieren die aktuellen Kriegsgebiete auf einer Weltkarte, die sie in ihrem Gruppenraum aufhängen. Haben sie geahnt, wie viele Kriege es zur Zeit auf der Welt gibt?
Wo haben sie etwas über die Kriege erfahren? Im Fernsehen, in der Zeitung, im Internet, durch Gespräche mit Erwachsenen u.Ä.? Was haben sie erfahren? Was wurde über die Situation der Menschen berichtet? Was speziell über die Kinder? Welche Hilfe brauchen die Kinder? Kann die Gruppe selbst etwas tun?

3 Asyl: Was man so alles darüber hören kann

Über Asyl und Asylsuchende gibt es viel Gerede und unausgegorene Behauptungen.
Die Kinder sollen diese kennen lernen und lernen, Vorurteile von Urteilen zu unterscheiden. Sie erhalten ein Arbeitsblatt mit Statements zum Thema Asyl, z.B.:

Thema Asyl? – Da gibt's nur eine Antwort: Die Würde des Menschen ist unantastbar.	Asylanten nehmen den Deutschen die Arbeitsplätze weg. Wir haben selbst genug Arbeitslose.
Wir haben schon viel zu viele davon. Jetzt sollten mal die anderen Länder ran.	Asylsuchende werden für alle Probleme verantwortlich gemacht (wie Arbeitslosigkeit, Geldmangel), für die sie nichts können.
Asyl für politisch Verfolgte, ja – aber die meisten sind gar nicht politisch verfolgt.	Kinder von Asylsuchenden können einem sicher Leid tun – aber warum kriegen die so viele Kinder?
Die meisten kommen doch nur nach Deutschland, um sich ein schönes Leben zu machen.	Asylsuchende wollen nur Geld, aber sie weigern sich Deutsch zu lernen und die Kinder zur Schule zu schicken.
Asylsuchende sind viel häufiger kriminell als Deutsche.	Die Straftaten, die Asylsuchende begehen, haben oft was mit ihrem Asylantenstatus zu tun.
Mir sind 10 Asylsuchende lieber als ein Rechtsradikaler	
Was ich darüber denke:	Was ich selbst noch gehört habe:

Das Arbeitsblatt kann zunächst einzeln bearbeitet werden. Anschließend wird in kleinen Gruppen weiterdiskutiert, zum Schluss im Plenum. Welche Argumente sind „wahr"? Welches sind „Vorurteile"? Wie kann man das raus bekommen? Wofür braucht die Gruppe mehr Informationen?

4 So stelle ich mir Krieg und Flucht vor

Die Kinder nennen reihum immer neue Wörter, die ihnen beim Gedanken an Krieg und Flucht in den Sinn kommen. Damit genug Wörter zusammen kommen, sollte die Runde etwa dreimal rumgehen. Die Wörter werden deutlich sichtbar auf ein Wandplakat oder eine Tafel geschrieben. Beispiele:
schießen, brennen, Angst, Soldat, Krieg, Panzer, Tod, Flucht, verstecken, allein, fliehen, kalt, hungrig …

Die Kinder benutzen diese Wörter zum Schreiben von „Pyramiden"-Gedichten: Jede Zeile hat ein Wort mehr, in jeder Zeile sollte (mindestens) ein Wort aus der Liste vorkommen, z.B.

> Krieg
> Häuser brennen
> alle verstecken sich
> ich bin ganz allein

Die Gedichte werden vorgelesen oder können still gelesen werden. Was ist allen Gedichten gemein? Wie geht es Menschen im Krieg? Wie geht es Kindern im Krieg?

Die Kinder lesen gemeinsam Texte von Kindern, die Krieg und Flucht selbst erlebt haben, z.B.
Klaus Schäffer (Hg.): Wir werden wieder glücklich sein, und alles war ein schlimmer Traum. Kinder im Krieg – Bilder und Texte, Herder Spektrum, Freiburg/Br. 1994.

5 Nur ein Rucksack voll

Folgende Übung kann Kindern helfen, sich besser in die Situation von Flüchtlingen einzufühlen. Wie ist das, wenn man (fast) alles zurücklassen muss, was einem lieb ist? Jedes Kind zeichnet auf ein DIN A 5-Blatt die Umrisse eines Rucksacks. Dahinein zeichnen und/oder schreiben die Kinder, was sie mitnehmen würden, wenn sie fliehen müssten. Sie dürfen nur diesen einen Rucksack mitnehmen. Er darf nicht zu groß und nicht zu schwer werden, denn die Kinder müssen ihn selbst tragen können. Passt alles hinein, was die Kinder mitnehmen möchten? Für welche Dinge entscheiden sie sich? Warum?

Die Kinder vergleichen ihre Rucksäcke. Worauf kam es ihnen beim Packen besonders an? Die Kinder fragen Großeltern, Verwandte und Bekannte, die selbst einmal fliehen mussten, nach ihrem Fluchtgepäck: Konnten sie etwas mitnehmen? Was? Was haben sie nach der Flucht am meisten vermisst? Gibt es Dinge, die sie heute noch vermissen?

6 Heimweh

In Büchern, Zeitschriften und Zeitungen sind zahlreiche Texte von Kindern, die fliehen mussten, veröffentlicht (vgl. die Übung „So stelle ich mir Krieg und Flucht vor").

Ein Text, der Alter, Entwicklungsstand, Verständnis der Gruppe entspricht, wird vorgelesen. Die Kinder versuchen, sich in diesen Text einzufühlen. Sie suchen Wörter, mit denen sie die Gefühle des Kindes, von dem da erzählt wird bzw. das da von sich erzählt, beschreiben können, z.B.: traurig, allein, Heimweh, heimatlos, Sehnsucht, verlassen …

Sie malen die Gefühle, die der Text bei ihnen auslöst. Dabei geht es nicht um die Darstellung einer Fluchtszene, sondern um die abstrakte Darstellung eines Gefühls. Die Kinder versuchen, nur durch Farben und Formen auszudrücken, wie das Kind auf der Flucht sich fühlt.

Die Bilder werden im Plenum betrachtet und gegebenenfalls besprochen. Was ergibt sich daraus? Was braucht ein Kind auf der Flucht? Kennen die Kinder Flüchtlingskinder? Können sie selbst etwas tun, um Flüchtlingskindern zu helfen? Was?

Beispiel:
- sie zum Spielen einladen
- ihnen helfen, deutsch zu lernen
- Geld für sie sammeln
- sich in der Gemeinde für die Rechte der Flüchtlingskinder einsetzen

7 Tagebuch einer Flucht

Aus Zeitungen oder Büchern werden Bilder von Kindern im Krieg oder auf der Flucht mitgebracht. Die Kinder betrachten die Bilder gemeinsam. Jedes Kind versucht, sich in eines der abgebildeten Kinder hineinzuversetzen und in Form einer Ich-Geschichte einen Text zu schreiben: „Mein Name ist … Ich wohne in … Die ganze Nacht über hatte ich schon so ein ungutes Gefühl. Irgendetwas lag in der Luft …

Die Geschichten werden vorgelesen bzw. zum Selbstlesen ausgelegt.
Wie ist es den Kindern beim Schreiben ergangen? Welche Gefühle hatten sie? Haben sie selbst Kriegs- bzw. Fluchterfahrungen?

Die Kinder können ihre Geschichten mit echten Kindertexten vergleichen. Konnten sie sich in deren Situation gut einfühlen? Wo gab es Unterschiede? Was haben die Kinder dazugelernt? Was könnte Kindern im Krieg oder auf der Flucht tatsächlich helfen?

Volle Rechte für Flüchtlingskinder gefordert

München (ap). Die Vorsitzende der Kinderkommission des Bundestages Ekin Deligöz, hat die rechtliche Gleichstellung von allein eingereisten Flüchtlingskindern mit deutschen Kindern gefordert. Die Flüchtlingskinder müssten ebenfalls Anspruch auf Impfungen oder kieferorthopädische Behandlungen bekommen, sagte die Grünen-Politikerin am Montag in München. Flüchtlingen müssten grundsätzlich alle Leistungen des Kinder- und Jugendhilfegesetzes zugänglich sein. Zudem dürften Jugendliche ab 16 Jahren im Asylrecht nicht länger wie Erwachsene behandelt werden. Bis 18 gebe es ein „Recht auf Kindheit", sagte die kinder- und sozialpolitische Sprecherin der Grünen-Fraktion. Der Bundestag habe die Regierung bereits aufgefordert, die Volljährigkeitsgrenze im Asylrecht auf 18 Jahre heraufzusetzen, aber das sei am Bundesrat gescheitert.

8 Spurensuche

Die meisten unserer Kinder haben glücklicherweise keine eigenen Erfahrungen mit Krieg und Flucht. Deswegen ist es besonders wichtig, die Erfahrungen anderer kennen zu lernen und zu bewahren.

Die Kinder fragen Kriegs- und Flüchtlings-„Kinder" des 2. Weltkriegs, z.B. ihre Großeltern oder andere ältere Menschen nach ihren Erinnerungen:

- Wo und wie haben sie den Krieg erlebt?
- Mussten sie selbst fliehen? Warum? Welche Erfahrungen mussten sie machen?

Gibt es am Wohnort Menschen, die als Kind mit ihrer Familie bzw. deren Eltern oder Großeltern früher als Flüchtlinge hierher gekommen sind?
- Wie wurden die Flüchtlingskinder damals aufgenommen?

Die Kinder fragen Flüchtlingskinder aus heutigen Kriegs- und Krisengebieten (z.B. Flüchtlingskinder in ihrer Schule, im Hort, in einem Wohnheim am Schulort):
- Woher kommen sie? Warum mussten sie fliehen?
- Warum sind sie nach Deutschland gekommen?
- Wie leben sie hier? (Wo wohnen sie? Woher bekommen sie Geld zum Leben?)
- Wie fühlen sie sich hier?
- Wie stellen sie sich ihre Zukunft vor?

Wenn sie ihr eigenes Leben mit dem der Flüchtlingskinder vergleichen: Was ist gleich? Wo gibt es Unterschiede? Was ist für Kinder auf der Flucht besonders schwer? Wird das Recht auf besonderen Schutz für Kinder auf der Flucht tatsächlich verwirklicht? Was kann die Gruppe selbst tun, um das Leben für Kinder auf der Flucht erträglicher zu machen?

9 Postkarte nach Hause

Die Situation unbegleiteter Flüchtlingskinder wird thematisiert. Dann erhalten die Kinder folgende Anweisung:
„Stell dir vor, in deinem Heimatland ist Krieg. Deine Eltern wollen dich schützen. Sie wollen, dass du lebst. Deshalb haben sie dich ganz alleine in ein Flugzeug gesetzt und nach Deutschland geschickt. Sie haben dir gesagt, dort geht es allen Kindern gut. Es wird sich bestimmt auch jemand um dich kümmern.
Ein Mann vom Jugendamt hat dich in einem Kinderheim untergebracht.

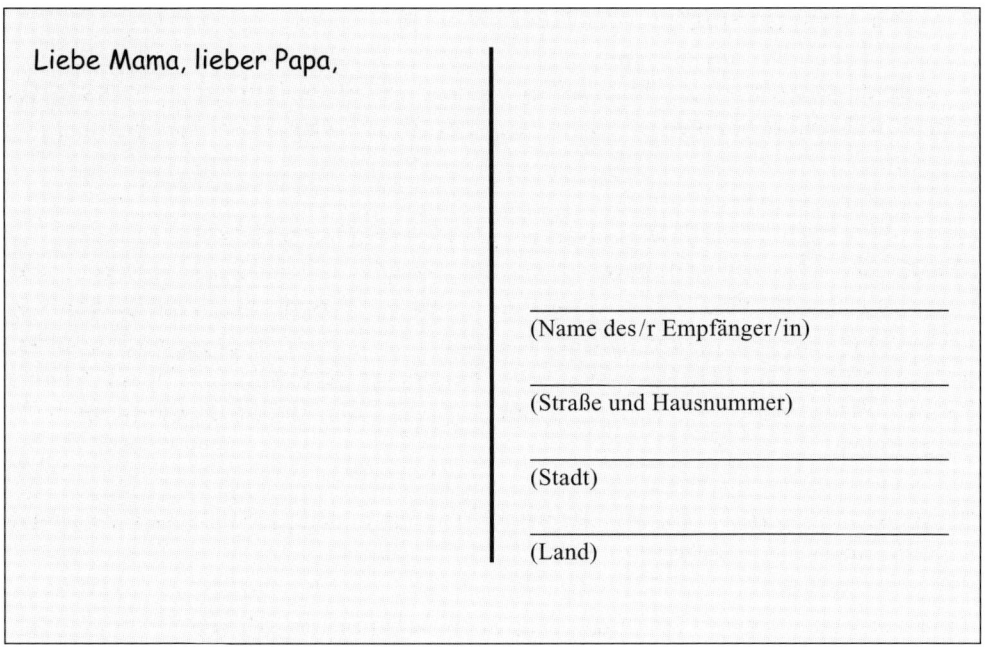

Du hast nicht genug Geld, um deine Eltern anzurufen. Das Briefeschreiben fällt dir schwer, denn du kannst auch in deiner Herkunftssprache nur schlecht schreiben. Also schreibst du ab und zu eine Postkarte nach Hause. Was schreibst du über dein Leben in Deutschland, das auf eine Postkarte passt?"

Die Postkarten werden an die Wand geheftet oder ausgelegt und verglichen. Was haben die Kinder in ihrer Rolle als „unbegleitetes Flüchtlingskind" geschrieben? Entspricht das ungefähr deren realer Situation? Oder weiß die Gruppe zu wenig über Flüchtlingskinder? Welche Informationen fehlen? Sind die Kinder der Meinung, dass die Flüchtlingskinder hier entsprechend der Kinderrechte behandelt werden?

10 Der fremde Blick

Eine „indirekte Bestandsaufnahme" eignet sich gut dazu, Einstellungen und Miss-stände in Zusammenhang mit einem sensiblen Thema bewusst zu machen und auf-zudecken.

Die Kinder erhalten – mündlich oder schriftlich – folgenden Text:
„Mitglieder einer internationalen Kinderrechtsorganisation sind zu Informations-zwecken in Deutschland. Sie interessieren sich besonders für die Situation von Kin-dern auf der Flucht. Für einige Wochen werden sie in unserer Stadt bleiben. Sie wer-den an Veranstaltungen teilnehmen, Wohnunterkünfte besuchen, in die Schulen gehen, mit deutschen Kindern und Flüchtlingskindern und ihren Eltern sprechen u.ä.m.

Was wird ihnen eurer Meinung nach hier beim Umgang mit Flüchtlingskindern gefal-len? Was wird ihnen nicht gefallen?"

Die Kinder beantworten die beiden Fragen zunächst für sich alleine.
Dann übertragen sie die wichtigsten „Beobachtungsergebnisse der Kinderrechtsor-ganisationsmitglieder" einzeln auf Karteikarten und heften diese auf ein Wandplakat.
Die Einzelaussagen werden dann von der Gruppe sortiert.
• Welche positiven Aspekte wurden genannt?
• Welche negativen Aspekte wurden genannt?

Was können wir daraus über die Verwirklichung des Rechts auf besonderen Schutz für Kinder auf der Flucht erfahren? Was müsste getan werden? Was können wir tun?

11 Wer hilft Kindern auf der Flucht?

Wer hilft Flüchtlingskindern, die in unserer Wohngemeinde bzw. in Deutschland leben? Und wer hilft Kindern auf der Flucht und im Krieg auf der ganzen Welt? Die

173

Gruppe trägt regionale und überregionale Ansprechpartner und Unterstützungsmöglichkeiten zusammen, schreibt die Adressen auf, beschreibt, was die einzelnen Organisationen und Verbände tun und wo und wie Kinder mitarbeiten können.

Ansprechpartner am Ort	Aktivitäten	Mitarbeit von Kindern
● Kirchengemeinde Hauptstr. (PLZ Ort) Tel.: Fax: E-Mail: Internet:		
● Ausländerbeirat		
● usw.		

Überregionale Ansprechpartner	Aktivitäten	Mitarbeit von Kindern
● Schüler helfen leben Preußerstr. 21 24536 Neumünster Tel.: 04321/936785 Fax: 04321/936786 E-Mail: info@schueler-helfen-leben.de Internet: www.schueler-helfen-leben.de	Hilft Kindern im ehemaligen Jugoslawien	Dies ist eine Initiative von Schülerinnen und Schülern, weitere junge Leute sind herzlich willkommen und werden gebraucht.
● terre des hommes		
● usw.		

Schüler helfen leben

Was Kinder und Jugendliche selbst bewirken können, zeigt die Initiative „Schüler helfen leben". Sie wurde 1992 von Schülerinnen und Schülern eines Gymnasiums in Bad Kreuznach gegründet, die Kindern im Krieg im ehemaligen Jugoslawien helfen wollten. Sie begannen, Spielzeug, Medikamente und Lebensmittel zu sammeln und die Transporte nach Jugoslawien zu begleiten. Mittlerweile haben sie so viel Geld gesammelt, dass sie Kindergärten und Schulen wiederaufbauen können. Eine besondere Sammelidee war z.B. der „Soziale Tag" am 4. Juni 1998. An diesem Tag arbeiteten 35.000 Schülerinnen und Schüler aus ganz Deutschland irgendwo und spendeten ihren Verdienst von insgesamt über eineinhalb Millionen DM (!) hauptsächlich für Projekte im Kosovo, in dem 1999 ein neuer Krieg ausbrach.

📖 Kinderbücher

- Engelmann, Reiner (Hg.): Plötzlich ist nichts mehr sicher. Kinder und der Krieg, Elefanten Press 2000, ab 12 Jahre
  Eine Anthologie mit Texten namhafter Autorinnen und Autoren, die aus der Perspektive von Kindern über Krieg, Tod, Verlust und Missbrauch jeglicher Art erzählen. Mit einer umfangreichen Adressenliste.
- Hugi, Simon und Beat: Nermin wird ausgeschafft, Zytglogge, Bern-Gümligen, ab 13 Jahre
  Nermin wird aus dem Unterricht von der Polizei abgeholt, um mit seiner Familie nach Bosnien abgeschoben zu werden. Zusammen mit Lehrern und Eltern kämpfen die Mitschülerinnen und Mitschüler darum, dass Nermin seine Schulzeit in der Schweiz verbringen darf. Doch ihr Gesuch wird nach langem bürokratischem Hin und Her abgelehnt.
- Steinhöfel, Andreas: Honigkuckuckskinder, dtv junior, München, ab 10 Jahre
  Kinder aus einem Asylantenheim finden heraus, dass der Heimleiter ein Betrüger ist und sich an ihrer Armut bereichert. Ein deutsches Mädchen, das vorübergehend mit ihrer Mutter im Heim untergebracht ist, gibt Anstoß zu dem gemeinsamen Handeln aller Jugendlicher dort.

10 Behinderte Kinder haben das Recht auf besondere Fürsorge und Förderung, damit sie aktiv am Leben teilnehmen können

Der Umgang mit Behinderten kann als Prüfstein einer den Menschenrechten verpflichteten Gesellschaft angesehen werden. Das humanistische Menschenbild geht von der Ganzheit des Menschen und der Würde jedes Lebens aus, unabhängig von etwaigen Behinderungen körperlicher, geistiger oder sozialer Art. Was als Behinderung anzusehen ist, ist im Übrigen Definitionssache. Behinderung ist kein eindeutig definierter und definierbarer Zustand.

Bis in die jüngste Zeit wurde Behinderung allerdings weniger unter menschlichen, sondern überwiegend unter ökonomischen Gesichtspunkten gesehen. Behindert war, wer für die Gesellschaft nicht nützlich war, wer keine der Norm entsprechende Leistung erbringen konnte. So war z.B. die Einrichtung staatlicher Sondereinrichtungen und -schulen für behinderte Kinder im Laufe des 19. Jahrhunderts zwar einerseits ein großer Gewinn für die Betroffenen, denen bis dahin teilweise überhaupt kein Recht auf Bildung gewährt wurde, andererseits wurde dadurch aber auch ihre Ausgrenzung bestätigt. Das Sonderschulwesen unterstützte die Reproduktion der bestehenden sozialen Verhältnisse. Es führte zur Entlastung der Volksschule, Vermeidung von Fürsorgekosten und Vorbereitung auf ebenfalls benötigte untergeordnete Tätigkeiten.

Erst seit den 80er Jahren rückte im Zusammenhang mit der pädagogischen Förderung behinderter und von Behinderung bedrohter Kinder der Begriff der Integration zunehmend in den Mittelpunkt der gesellschafts- und bildungspolitischen Diskussion. Behinderung wurde nicht mehr nur als die sich aus der Summe der Defizite und Abweichungen eines Menschen ergebenden Beeinträchtigungen seiner Entwicklung beschrieben, sondern als soziales Phänomen. Menschen sind nicht behindert, sie werden behindert. Damit behinderte Kinder aktiv am Leben teilnehmen können, ist die Entwicklung gemeinsamer Lebensformen von klein auf unabdingbar.

Das Kinder- und Jugendhilfegesetz sieht in § 35a für Kinder, die körperlich und seelisch behindert oder von Behinderung bedroht sind, einen Anspruch auf Eingliederungshilfe vor. Wesentlich behinderten Kindern, die noch nicht im schulpflichtigen Alter sind, werden heilpädagogische Maßnahmen gewährt, wenn zu erwarten ist, dass dadurch die Folgen der Behinderung beseitigt oder gemildert werden können. Trotz dieser rechtlichen Vorgaben kostet es Eltern immer noch viel Zeit und Mühe, die berechtigten Ansprüche für ihr Kind durchzusetzen. Und obwohl 1994 der Satz „Niemand darf wegen seiner Behinderung benachteiligt werden" auch in Artikel 3 des Grundgesetzes aufgenommen wurde, bleibt in der Realität für die gleichberechtigte Teilhabe Behinderter am Leben in der Gesellschaft noch viel zu tun. Für Kinder mangelt es an behindertengerechten Kindergärten, Schulen, Ausbildungs- und Arbeitsplätzen, Sport- und Freizeitanlagen, Betreuungs- und Therapieangeboten, öffentlichen Verkehrsmitteln und -wegen u.a.m.

Die integrative Förderung in der Schule ist Ländersache und noch längst nicht überall möglich. Und selbst dort, wo die Ländergesetze die freie Wahl gemeinsamer Beschulung erlauben, ist diese durch ökonomische Überlegungen eingeschränkt. Angesichts knapper Haushaltsmittel für Bildung und dementsprechend schlechter personeller und materieller Ausstattung von Schulen sowie steigender Klassenfrequenzen kann von „freier" Schulwahl immer weniger gesprochen werden. Hinzukommt die mangelnde Bereitschaft vieler Lehrkräfte für gemeinsamen Unterricht. Besonders unerträglich ist die weitere Ausgrenzung der geistig bzw. schwer mehrfach gehandicapten Kinder sowie der älteren Kinder beim Übergang in den Sekundarstufen I-Bereich.

📖 Weitere Denkanstöße geben:

- Bundesarbeitsgemeinschaft Werkstätten für Behinderte (Hg.): „Sag, dass es nicht wahr ist!" – Märchenhafte Geschichten von merkwürdigen Figuren, BAG Werkstätten für Behinderte, Frankfurt/M. 2001
- Roebke, Christa/Hüwe, Birgit/Rosenberger, Manfred: „Leben ohne Aussonderung" – Eltern kämpfen für Kinder mit Beeinträchtigungen, Luchterhand, Neuwied 2000
- Rosenberger, Manfred (Hg.): Ratgeber gegen Aussonderung, Edition Schindele, Heidelberg, 2. aktualisierte und erweiterte Auflage 1998

1 Wie ist das, behindert zu sein?

Die Kinder erhalten folgende Anweisung: „Sicher warst du schon einmal krank oder verletzt, konntest nicht laufen, nicht selbst essen, eine Hand nicht benutzen? Du konntest nicht mitspielen und hast dich ausgeschlossen und alleine gefühlt? Erinnerst du dich, wie du dich gefühlt hast?

Jedes Kind schreibt ein Gedicht aus drei Zeilen, die mit „gestern – heute – morgen" beginnen, z.B.:

> Gestern habe ich mein Bein gebrochen.
> Heute schaue ich zu, wie die anderen toben.
> Morgen werde ich es ihnen zeigen.

Wie glaubst du, fühlen sich behinderte Kinder, wenn sie zusehen müssen, nicht mitmachen können oder dürfen?"

Die Gedichte werden im Plenum gelesen oder vorgelesen. Die Kinder sprechen über ihre Erfahrungen mit Krankheit und Behinderung.

2 Behinderte Kinder

Der unverkrampfte Umgang mit behinderten Kindern ist noch lange nicht selbstverständlich. Es gibt Ängste und Vorurteile, die aber oft nicht ausgesprochen werden (dürfen) – und deshalb auch nicht bearbeitet werden und unterschwellig das Zusammenleben schwierig machen können. Eine Übung, die sich gut zur Einführung in schwierige Themen eignet, ist das 4-Ecken-Spiel:

Den 4 Ecken des Raumes werden 4 unterschiedliche Argumente zugeordnet. Die Kinder, die dem entsprechenden Argument zustimmen oder die darüber gerne mit anderen reden möchten, treffen sich in der Ecke und tauschen sich aus. Nach einiger Zeit werden die Ecken-Themen verändert und die Kinder ordnen sich neu zu.

4-Ecken-Inhalte zum Thema „Behinderte Kinder" können sein:
● Ich hatte noch nie etwas mit einem behinderten Kind zu tun.
● Im meiner Nachbarschaft/Verwandtschaft gibt es ein behindertes Kind.
● Ich kenne ein behindertes Kind.
● Ich habe selbst eine Behinderung.

- Behinderte Kinder brauchen hauptsächlich gute Pflege und Betreuung.
- Behinderte Kinder haben auch das Recht etwas zu lernen wie nichtbehinderte.
- Behinderte Kinder können genauso gut lernen wie nichtbehinderte.
- Für nichtbehinderte Kinder ist das Lernen wichtiger als für behinderte.

- Behinderte Kinder werden am besten in besonderen Einrichtungen gefördert.
- Schwer behinderte Kinder können nicht mit nichtbehinderten zusammen gefördert werden.
- Leicht behinderte Kinder können auch mit nichtbehinderten zusammen gefördert werden.
- Behinderte Kinder werden am besten gefördert, wenn sie mit nichtbehinderten zusammen sind.

Die Ecken-Statements sollten dem Alter und der Situation der Kinder in der Gruppe angepasst werden. Sind behinderte Kinder in der Gruppe oder hat eines der Kinder ein behindertes Geschwisterkind müssen die Statements besonders sensibel formuliert werden. Andererseits kann aber gerade dann die Diskussion in den Ecken und anschließend im Plenum besonders fruchtbar sein.
Welche Erfahrungen haben die Kinder gemacht? Wie ist ihre Einstellung zum Recht auf besondere Förderung für behinderte Kinder jetzt?

3 Wie wird man behindert?

Die meisten Kinder wissen – ebenso wie die Erwachsenen – wenig von Behinderten. Nur wenige haben einen behinderten Menschen in ihrer Familie. Und selbst wenn – Behinderung, insbesondere wenn sie mit einer geistigen Beeinträchtigung einhergeht, ist immer noch ein Tabuthema. Dabei kann Behinderung jeden Menschen und jede Familie unversehens treffen, durch Krankheit oder als Folge von Unfällen, Verbrechen, Krieg. Und bei keiner Schwangerschaft gibt es 100%-ige Sicherheit auf ein nicht behindertes Kind.

Die Tabuisierung von Behinderung kann folgende Übung deutlich machen:
Die Kinder lesen und sammeln die Geburtsanzeigen der regionalen Tageszeitung, z.B. einen Monat lang. Sie suchen sich eine der Anzeigen aus und malen nach den dort mitgeteilten Angaben ein Bild des Neugeborenen. Wer malt ein behindertes Kind? Gibt es überhaupt Anzeigen, aus denen man schließen kann, dass hier ein behindertes Kind geboren wurde?

Wie wird man behindert? Die Kinder sammeln Zeitungsausschnitte und Berichte über Kinder mit Behinderungen:
- Kinder, die mit Behinderungen geboren wurden
- Kinder, die durch Krankheit behindert wurden
- Kinder, die durch Unfälle zu Behinderten geworden sind
- Kinder, die durch Misshandlungen behindert sind
- Kinder, die im Krieg verletzt wurden

Die Kinder beobachten ihre Umwelt:

- Leben in ihrer Nachbarschaft behinderte Kinder, die sie bisher nicht wahrgenommen haben? Warum?
- Treffen sie beim Einkaufen, im Restaurant, im Urlaub im Hotel behinderte Kinder?

Wo sind die behinderten Kinder? Die Gruppe lernt die Einrichtungen in ihrer Gemeinde kennen: Kindertagesstätten, Schulen, Freizeiteinrichtungen, Verbände, Spielplätze, Fahrdienste, integrative Einrichtungen …

4 Spiele für nichtbehinderte und behinderte Kinder

Welche Spiele können nichtbehinderte und behinderte Kinder – möglichst aller Behinderungsarten – zusammen machen? Die Gruppenmitglieder untersuchen die ihnen bekannten Spiele und stellen eine Spiele-Sammlung für Behinderte und Nichtbehinderte zusammen. Solche Spiele können z.B. sein:

- Vertrauensspaziergänge – gegebenenfalls übernimmt das nichtbehinderte Kind die Führung
- Tanzspiele
- Spiellieder – Kinder ohne Sprache können sich durch Gebärden artikulieren
- usw.

Die Kinder veranstalten gemeinsam mit behinderten Kindern einen Spielnachmittag und probieren die Spiele aus. Welche Erfahrungen haben sie dabei gemacht?

5 Spiele unbehindert verändern

Spielregeln sind keine heiligen Kühe. Die Kinder verändern Spiele so, dass die Regeln für alle fair sind und auch leistungsschwächere oder behinderte Kinder mit Spaß und Erfolg teilnehmen können. Beispiele:

- Fußball: Es wird nicht einzeln, sondern im Paar gespielt. Dazu werden jeweils ein „starkes" und ein „schwaches" Kind mit einem Bein zusammengebunden.
- Nachlauf: Alle Kinder dürfen nur auf einem Bein hüpfen. Der Platz, auf dem gespielt wird, wird begrenzt.
- Mein rechter, rechter Platz ist frei, ich wünsche mir XY als ... (ein beliebiges Tier nennen) herbei: Es darf nicht gesprochen werden. Auf das gewünschte Kind wird gezeigt. Das gewünschte Tier wird pantomimisch dargestellt.
- usw.

Aus den Spielideen erarbeitet die Gruppe anschließend die Grundprinzipien für solche Spielveränderungen wie z.B.:
- Regeln vereinfachen
- Spielfeldgrenzen einengen
- Körperliche Beanspruchung reduzieren
- Alle schränken ihre Bewegungs- bzw. Wahrnehmungsmöglichkeiten ein
- Den sprachlichen Anteil einschränken bzw. ganz durch Gestik und Mimik ersetzen
- Paare bzw. Gruppen bilden, die dann zusammen etwa gleiches Leistungsvermögen haben

Wenn möglich sollten die Spiele mit den neuen Regeln natürlich auch ausprobiert werden. Welche Erfahrungen machen die Kinder? Hat das Spielen Spaß gemacht?

6 Orientierungshilfen

Welch große Bedeutung für uns Sprache, Seh- und Bewegungsfähigkeit für die Orientierung in unserer Umwelt haben, ist uns oft gar nicht bewusst.

Wie können wir ein Gebäude, einen Weg o. Ä. für einen Menschen beschreiben, der
- nicht sehen kann
- nicht hören kann
- nicht laufen kann?

Beispiel:

Wegebeschreibung für einen Menschen, der schlecht sehen kann:
Du musst fünf Schritte geradeaus gehen, dann kommt eine Treppe mit drei Stufen. Die gehst du hinauf. Dann gehst du wieder geradeaus bis du einen Hund kläffen hörst. Der bewacht ein Haus und kläfft immer, wenn jemand vorbeigeht. Um das Haus herum ist ein hoher Zaun. Den fasst du an. Wenn der Zaun zu Ende ist, musst du links abbiegen und die Straße überqueren. An dieser Stelle ist eine Ampel. Die macht ein surrendes Geräusch, wenn sie „grün" für dich zeigt …

Die Kinder teilen sich in kleine Gruppen und erkunden ein bestimmtes Wegstück in ihrer Wohnumgebung „mit allen Sinnen" bzw. mit einem Kind im Rollstuhl. Anschließend werden „Wegepläne" für unterschiedliche Behinderungen erarbeitet. Wie schwierig war das? Was muss verbessert werden, damit Behinderte sich sicherer selbstständig bewegen und orientieren können?

7 Den Alltag unbehindert meistern

Alltägliche Verrichtungen können für Behinderte schwierig und manchmal nahezu unüberwindbar werden. Die Kinder beobachten Behinderte bzw. stellen sich vor, sie hätten eine Behinderung, könnten z.B. nur schlecht sehen, schlecht hören, sich nur eingeschränkt bewegen … – in welchen Alltagssituationen bräuchten sie Hilfe?

Beispiele:

Ein Kind kann die rechte Hand nicht bewegen. Die meisten Dinge sind aber für Rechtshänder eingerichtet. Die Kinder brauchen einen Füller für Linkshänder, eine Schere u.Ä. Wo bekommt man so etwas? – Es gibt Läden, Versandhäuser für Linkshänder.

Ein Kind hört sehr schlecht. Damit es in einer Gruppe mitarbeiten und -spielen kann, braucht es zusätzlich zu akustischen Signalen auch optische, z.B. werden Anfang und Ende einer Stunde nicht nur durch eine Klingel, sondern auch durch eine entspre-

chendes Bild angezeigt. Alle müssen leise sein und das Kind direkt ansprechen, wenn sie ihm etwas sagen wollen. Das Kind muss die Lippenbewegungen der anderen erkennen und von den Lippen ablesen können.

Die Kinder benennen alltägliche Situationen, die für sie ganz selbstverständlich sind und überlegen: Was braucht ein Kind mit einer bestimmten Behinderung? Bekommt es diese Hilfe immer? Warum bekommt es die Hilfe nicht immer? Was müsste, was könnte verändert werden?

8 Fotorallye: Wo sind Behinderte behindert?

Die Kinder untersuchen, wo und wodurch Behinderte in ihrer Gemeinde oder ihrem Stadtviertel behindert sind und dokumentieren ihre Erkenntnisse mit Fotos und kurzen Texten.

Kein Anspruch auf Integration

Gericht verweist behinderte Kinder auf Sonderschulen

Von Claus Donath

KARLSRUHE, 8. Juli. Behinderte Kinder haben in Baden-Württemberg keinen Anspruch auf einen gemeinsamen Unterricht mit Nichtbehinderten. Das Verwaltungsgericht Karlsruhe wies am Montag den Antrag von sechs Eltern ab, mit Hilfe einer einstweiligen Anordnung die Einschulung ihrer körperlich und mehrfach behinderten Kinder in reguläre Grundschulklassen zu ermöglichen. Ein Anspruch darauf ergebe sich weder aus dem baden-württembergischen Schulgesetz noch aus den Grundrechten oder aus internationalen Regelungen, argumentierte das Gericht.

Die Eltern wollten erreichen, daß ihre Kinder mit Beginn des Schuljahres 1996/97 in eine Heidelberger und eine Mannheimer Grundschulklasse — der sogenannten Regelschule — aufgenommen werden. Sie hatten darauf verwiesen, daß eine gemeinsame Ausbildung von behinderten und nichtbehinderten Kindern nach wissenschaftlichen Erkenntnissen wünschenswert sei und in zahlreichen Staaten und anderen Bundesländern bereits mit großem Erfolg praktiziert werde. Die Kläger stützten sich auf ein Gutachten von Professor Jochen Frowein, Direktor des Heidelberger Max-Planck-Instituts für ausländisches öffentliches Recht und Völkerrecht sowie langjähriges Mitglied der Europäischen Menschenrechtskommission, der zu dem Ergebnis gekommen war, daß die Zuweisung behinderter Kinder zu Sonderschulen ihr Recht auf chancengleiche Bildung verletze. Sie sei auch unvereinbar mit dem Verbot der Benachteiligung Behinderter, das neu in Artikel 3 des Grundgesetzes aufgenommen sei.

Die Karlsruher Verwaltungsrichter teilten diese Auffassung nicht. Ein behindertes Kind erhalte nämlich an einer Sonderschule „eine an seine individuelle Förderungsbedürftigkeit angepaßte Ausbildung durch besonders geschulte Lehrkräfte unter Einsatz besonderer Sachmittel". Der Gesetzgeber habe damit eine sachgemäße und erlaubte Differenzierung vorgenommen. *(Aktenzeichen 3 K 1740/96)*

Die Klägerin Barbara Weigle, die auch Vorsitzende einer Heidelberger Elterninitiative ist, kündigte Beschwerde beim Verwaltungsgerichtshof Baden-Württemberg an. In einer ersten Stellungnahme warf sie den Karlsruher Richtern vor, sie hätten sich ihre Entscheidung zu leicht gemacht. Die betroffenen Eltern sollen notfalls den Rechtsweg ausschöpfen, um dann das Bundesverfassungsgericht anrufen zu können.

Beispiele:
- Bordsteinkanten
- Keine Fahrstühle in öffentlichen Gebäuden
- Keine akustischen Signale an Verkehrsampeln
- Zu kurze Ampelphasen
- Zu hohe Klingelknöpfe
- u.Ä.

Haben die Kinder diese Ergebnisse erwartet? Wenn nein, was hat sie überrascht? Was müsste möglichst schnell verändert werden?

Die Dokumentation wird weitergegeben an Kommunalpolitikerinnen und -politiker und an die Presse.

9 Ein Treff mit Behinderten

Auch wenn es in einigen Schulen in der Gemeinde gemeinsamen Unterricht für behinderte und nichtbehinderte Kinder gibt, die Freizeit verbringen die Kinder selten zusammen. Behinderte Kinder sind weit häufiger zu Hause bzw. in ihrer Freizeit auf ihre Familie angewiesen.

Die Gruppe lernt die altersgleichen behinderten Kinder in ihrer Gemeinde kennen. Zu diesem Zweck kann sie z.B. Kontakt zu den Sonderschulen aufnehmen. Sie befragt die Kinder nach ihren Freizeitinteressen und -wünschen.

Einmal im Monat organisiert sie einen offenen Treff mit behinderten Kindern. Hier kann einfach nur gequatscht, gespielt, Musik gehört werden. Vielleicht können auch einzelne der besonderen Wünsche erfüllt werden, z.B. gemeinsam kochen (und natürlich essen), gemeinsam Musik machen o. Ä.

Die Gruppe setzt sich gemeinsam mit ihren behinderten Altersgefährtinnen und -gefährten und – wo nötig – für sie bei den Verantwortlichen für die Einrichtung gemeinsamer Freizeitangebote ein.

10 Gemeinsam verreisen

Die Gruppe plant eine Fahrt, bei der Behinderte gleichberechtigt mitfahren können, z.B.:

- Rollstuhlfahrer
- Sehbehinderte
- Hörbehinderte
- geistig Behinderte

Um sich nicht zu überfordern, sollte zunächst immer nur für eine Behinderungsart geplant werden.

Wohin kann die Gruppe fahren? Mit welchem Verkehrsmittel? Welche Voraussetzungen müssen in der Unterkunft gegeben sein? Was kann die Gruppe am Urlaubsort gemeinsam unternehmen? Wer kann helfen? Gibt es z.B. Reiseveranstalter, die Fahrten mit Behinderten organisieren?

11 Rechte-Sammlung für behinderte Kinder

Unter dem Begriff „Behinderung" werden viele unterschiedliche Beeinträchtigungen zusammengefasst. Behinderte Kinder haben deshalb sehr unterschiedliche Schwierigkeiten und sehr unterschiedliche Bedürfnisse und brauchen unterschiedliche Unterstützung. Meistens ist es nicht so leicht, herauszufinden, welche Hilfen einem Kind in seinem besonderen Fall zustehen und wo und wie es diese bekommen kann. Solche Hilfsangebote können regional sehr unterschiedlich sein.

Die Kinder sammeln alles, was sie über die Rechte behinderter Kinder und konkrete Unterstützungsmöglichkeiten und -angebote in ihrem Wohnort finden und erfahren können und stellen daraus eine „Rechte-Sammlung", die von Zeit zu Zeit ergänzt und aktualisiert werden muss, zusammen. Zu einer solchen Sammlung gehören z.B.:

- Adressen von Verbänden für behinderte Kinder, z.B. LAG Gemeinsam leben – gemeinsam lernen
- Anschrift und Beschreibung eines „integrativen" Spielplatzes am Ort
- Rechtsvorschriften für die Beschulung „behinderter Kinder"
- Zeitungsberichte über besondere Probleme – und ihre Lösung – vor Ort
- usw.

Die Gruppe nutzt ihre Informationen dazu, für die Rechte behinderter Kinder einzutreten und Aktionen zur Verbesserung ihrer Situation zu unterstützen.

📖 Kinderbücher

- Fleming, V.: Sei nett zu Eddie, Lappan, ab 7 Jahre
  Obwohl Christina von ihrer Mutter immer ermahnt wird, nett zu Eddie zu sein, wollen Robert und Christina nicht mit dem Nachbarjungen Eddie, der das Down-Syndrom hat, spielen. Sie brechen alleine auf, den Wald zu erkunden. Doch Eddie folgt ihnen und öffnet ihnen die Augen für die Schönheit eines versteckten Waldsees, an dem es viel zu entdecken gibt.
- Getz, David: Dünne Luft, dtv junior, München, ab 12 Jahre
  Jacob ist hochgradig allergisch und Asthmatiker, nur gegen den massiven Widerstand aller schafft er es, nicht in eine Sonderklasse für Behinderte geschickt zu werden. In der turbulenten und witzigen Erzählung setzt er sich gegen die Überbehütung durch.
- Gleitzman, Morris: Quasselstrippe, Beltz & Gelberg, ab 10 Jahre
  Bloß kein Mitleid! Denn dass Rowena nicht sprechen kann, ist zwar lästig, aber „behindert" fühlt sie sich nicht …

- Hassenmüller, Heide: Kein Beinbruch, Ellermann, ab 8 Jahre
  Es gibt etwas, das der 8-jährige Gerhard am liebsten vor der ganzen Welt verstecken würde: seine Zwillingsschwester Jeanette. Sie ist geistig behindert und kann nicht sprechen und laufen wie andere Kinder. Erst als er sich beim Fußballspielen ein Bein bricht und auf Krücken angewiesen ist, beginnt er sich mit dem Thema „Behinderung" auseinanderzusetzen.
- Jung, Reinhardt: Auszeit oder Löwe von Kuba, Omnibus/Bertelsmann München, ab 14 Jahre
  Die Tagtraum-Geschichte eines behinderten Jungen. Hannes liebt das Leben und wünscht sich, dass alle Menschen ihm das zugestehen.

Quellenverzeichnis

S. 42: „Zeitung in der Schule: Es muss ja nicht immer eine „Marke" sein", erschienen in der Frankfurter Rundschau vom 31.01.2001

S. 49: Regina Schwarz, Wen du brauchst aus: Hans-Joachim Gelberg (Hrsg.), Überall und neben dir, 1986 Beltz & Gelberg, Weinheim und Basel, Programm Beltz & Gelberg, Weinheim

S. 56: Kinder aus unteren Einkommensschichten, erschienen in: Thema Jugend, Oktober 1995

S. 74: „Schüler können schlechte Lehrer verklagen", erschienen in der Frankfurter Rundschau vom 29.07.2000, Quelle: epd

S. 91: „Rund 700.000 Fälle verbotener Kinderarbeit in Deutschland", erschienen in der Frankfurter Rundschau vom 19.02.2001, Quelle: Associated Press (AP)

S. 103: „Mit Chip gegen Schwänzer", erschienen in der Frankfurter Rundschau vom 21.08.1997, Quelle: dpa.

S. 106: „Kinder planen ihren Spielplatz", von Peter Dietz, erschienen in der Frankfurter Rundschau vom 10.04.2001

S. 125: „Schläge als Erziehungsinstrument", Quelle: dpa.

S. 141: „Eigene Internet-Seite für Kinder und Jugendliche", von Christiane Wiegand, erschienen in der Frankfurter Rundschau vom 30.06.2000

S. 155: Wilhelm: Kinder mit Peilsendern ausstatten, erschienen in Wiesbadener Tagblatt vom 10.02.1997, Quelle: dpa.

S. 163: Siegfried Aust, Wie spielt man eigentlich Frieden?, in: Bundesverband der Deutschen Volksbanken und Raiffeisenbanken (Hg.), Themenbroschüre zum Internationalen Jugendwettbewerb der Volksbanken, Raiffeisenbanken, Wiesbaden 1994

S. 170: „Volle Rechte für Flüchtlingskinder gefordert" (Ekin Deligöz), erschienen in der Frankfurter Rundschau vom 20.03.2001, Quelle: Associated Press (AP)

S. 186: „Kein Anspruch auf Integration", von Claus Donath, erschienen in der Frankfurter Rundschau vom 09.07.1996

Spielebücher von Rosemarie Portmann

Spiele die stark machen

ISBN 3-7698-1108-9

Eine starke Persönlichkeit hat es nicht nötig, die Rechte anderer zu verletzen. Sie hat genügend Selbstwertgefühl, um sich auf freundlichem Wege zu behaupten.
Die Autorin stellt 111 Spiele vor, die dazu beitragen, dass Kinder und Jugendliche zu selbstbewussten, kompetenten Persönlichkeiten werden.

Spiele, die schlau machen

ISBN 3-7698-1168-2

107 Spiele und Übungen bringen die kleinen grauen Zellen in Schwung. Spielend leicht lernen die Kinder und Jugendlichen kreativ um die Ecke zu denken, Problemstellungen flexibel zu lösen, ihr Gedächtnis zu trainieren und Informationen zu strukturieren und zu verarbeiten. Geheimtipp: Macht auch Erwachsene schlauer!

Spiele zum Umgang mit Aggressionen

ISBN 3-7698-0796-0

Aggressivität und Rücksichtslosigkeit, oft auch Gewaltbereitschaft von Kindern und Jugendlichen machen viele pädagogische Fachkräfte hilflos. Was kann man dagegen tun? Die mehr als 150 Interaktionsspiele und –übungen sind eine leicht anwendbare Möglichkeit, Prozesse zur konstruktiven Bewältigung von Wut und Aggression in Gang zu setzen.

Spiele zur Entspannung und Konzentration

ISBN 3-7698-0802-9

Hektik und Anspannung, die Unfähigkeit, zur Ruhe zu kommen, sind Begleiterscheinungen unserer Zeit. Die Übungen und Spiele in diesem Band helfen Kindern und Jugendlichen, Entspannung und Ruhe zu erleben und fördern auf diese Weise auch Aufmerksamkeit, Ausgeglichenheit und Konzentration.